OMAS BESTE REZEPTE

Kuchen & Torten

OMAS BESTE REZEPTE

Kuchen & Torten

Herausgegeben und zusammengestellt
von
Sonja Carlsson

VERLAG KARL MÜLLER

Weitere Titel aus dieser Reihe:

Nudeln & Spätzle	ISBN 3-89893-055-6
Pfannengerichte & Aufläufe	ISBN 3-89893-054-8
Suppen & Eintöpfe	ISBN 3-89893-056-4

Herausgegeben in Deutschland von

Venloer Str. 1271
D - 50829 Köln
Tel. 0221-13065-0
Fax 0221-13065-210
www.karl-mueller-verlag.de

Redaktion und Produktion: Dr. E. Reitter, Redaktions- und Verlagsservice, München

Satz und Herstellung: Thomas Floeren, München

Umschlaggestaltung und Purchasing: Büro Norbert Pautner, München

ISBN 3-89893-053-x

Printed in Hongkong

Inhalt

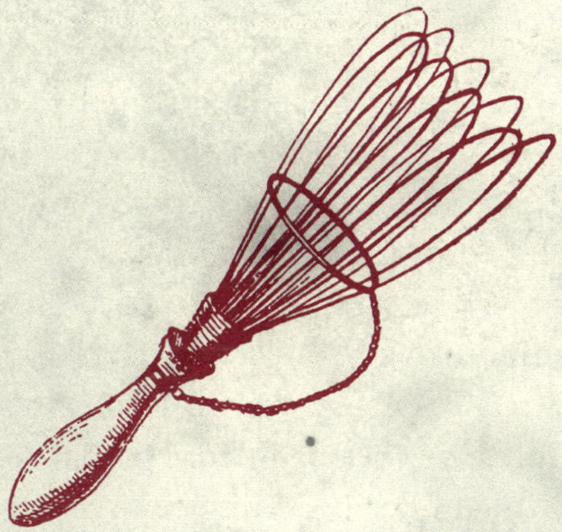

Vorwort

In diesem Buch finden Sie Großmutters beste und bewährte Rezepte für leckere Kuchen und Torten, dem heutigen Geschmack und den modernen Backmethoden angepasst. Wir backen heute in beschichteten Formen, die Rezepte sind bekömmlicher als früher. Wir brauchen weniger Eier und weniger Fett. Auch lässt sich bei vielen Rezepten Zucker einsparen, denn vieles gelingt genauso gut auch mit Vollkornmehlen oder Mehlmischungen aus der Packung. Grammgenaue Waagen machen es möglich, selbst kleine Mengen abzuwiegen. Und es gibt kleine Backformen, die mit exakt der Hälfte des Originalrezeptes gefüllt werden. Backbleche brauchen meist nicht eingefettet werden, häufig genügt das Auslegen mit Backpapier. Nichts klebt oder brennt an, nichts verkrustet an der Form

Kuchen- und Tortenformen

Man unterscheidet zwischen Schwarz- und Weißblechformen. Beide gibt es mit Antihaftbeschichtung und ohne. Die Größen sind genormt für die üblichen Rezeptmengen. Kleine Haushalte können dank kleiner Formen und größenverstellbarer Bleche auch kleine Kuchen und Torten backen. Ob Gugelhupf-, Spring-, Quiche- oder Kastenform – die Formen sind so konzipiert, dass Sie mit der halben Zutaten- bzw. Teigmenge einen Kuchen backen können. Die Backtemperaturen bleiben gleich, die Backzeit verkürzt sich in manchen Fällen ein wenig. Beachten Sie immer die Hinweise des Herstellers.

Backofen und Backtemperaturen

Unsere Großmütter hatten Backöfen, die im Küchenherd integriert waren und durch Feuerung mit Holz betrieben wurden. Die Backofentemperatur im Ofenraum war unterschiedlich, auf der Feuerungsseite höher als außen. Der Kuchen musste während des Backens mehrfach gedreht werden, um gleichmäßig zu backen und Farbe zu bekommen. Heute haben wir moderne Backöfen (Elektro- oder Gasöfen) mit gleichmäßig beheiztem Backraum. Backtemperaturen und Backzeiten haben sich bei vielen Rezepten geändert. Wir haben die Wahl zwischen Umluftbacköfen und Backöfen mit Strahlungshitze von oben, unten oder von beiden Seiten. Generell sind die Backtemperaturen beim Umluftbetrieb um etwa 20 °C niedriger als bei Strahlungshitze. Dennoch sollten Sie stets auch die Tipps und Hinweise des Gerätesherstellers berücksichtigen und sich strikt an die Vorgaben halten.

Aufbewahrung und Haltbarkeit von Kuchen und Torten

Kuchen und Torten wurden bei Oma nicht alt. Heute ist das zumeist anders. Es bleiben häufig – vor allem im Kleinhaushalt – auch bei kleinen Kuchen und Torten Reste übrig. Oberstes Gebot für die Aufbewahrung: Alles gut in Folie verpacken und einfrieren. Ganze trockene Kuchen kann man auf Vorrat backen und nach völligem Erkalten in der Form einfrieren. Doch nicht alle Kuchen und Torten sind zum Einfrieren geeignet. Grundsätzlich können Sie alle trockenen, unbelegten Kuchen (Gugelhupf, Blechkuchen, Biskuitboden, Mürbeteigboden) einfrieren. Bei belegten Kuchen und gefüllten Torten ist der Belag oder die Füllung entscheidend: Buttercreme- und Sahnetorten mit Dosenfrüchten können Sie ohne weiteres einfrieren; Kuchen und Torten mit frischen Früchten und Tortenguss hingegen eignen sich nicht dazu, denn frische Früchte werden nach dem Auftauen matschig. Wenn die Früchte dagegen mitgebacken wurden, ist gegen Einfrieren nichts einzuwenden (Apfelkuchen, Rhabarberkuchen, Zwetschgendatschi). Sie können Kuchen oder Torten auch in Einzelstücken einfrieren. Lassen Sie sie entweder bei Zimmertemperatur langsam auftauen oder geben Sie sie in den Mikrowellenherd (ein paar Minuten auf der Auftaustufe). Blechkuchen, die man gerne lauwarm isst (Datschi, Strudel), lassen sich im Backofen prima aufbacken (bei 100 °C auf mittlerer Einschubleiste).

Süßes für die Kaffeetafel

Rosinenkuchen

200 g Butter · 200 g Zucker · 1 Pck. Vanillezucker · Salz ·
abgeriebene Schale von 1 unbehandelten Zitrone · 4 Eier · ⅛ l Milch ·
500 g Mehl · 1 Pck. Backpulver · 100 g Rosinen · 100 g Korinthen ·
Butter und Semmelbrösel für die Form · Zum Bestäuben: *125 g Puderzucker*

Die Butter schaumig rühren und nach und nach Zucker, Vanillezucker, 1 Prise Salz, Zitronenschale und die Eier unterrühren. Das Mehl mit dem Backpulver mischen und abwechselnd mit etwas Milch zum Teig geben. Alles gut miteinander verrühren. Die Rosinen und Korinthen waschen, trocknen und unter den Teig mischen. Den Teig in eine mit Butter eingefettete und mit Semmelbröseln ausgestreute Napfkuchenform geben. Den Backofen auf 200 °C vorheizen und den Kuchen auf der zweiten Einschubleiste von unten 60 Minuten backen; herausnehmen und erkalten lassen. Vor dem Servieren mit Puderzucker bestäuben.

Marmorkuchen

*250 g Butter oder Margarine · 275 g Zucker · 1 Pck. Vanillezucker ·
Salz · 4 Eier · 500 g Mehl · 1 Pck. Backpulver · 200 ml Milch ·
2 EL brauner Rum · Butter und Semmelbrösel für die Form ·
3 EL Kakaopulver · 3 EL Mandeln, gehackt · Puderzucker zum Bestäuben*

Die Butter oder Margarine zusammen mit Zucker, Vanillezucker und Salz schaumig rühren. Die Eier einzeln unterrühren. Das Mehl mit dem Backpulver mischen und durchsieben. Unter ständigem Rühren das Mehl löffelweise zur Butter-Ei-Mischung geben. Dabei zwei Drittel der Milch nach und nach hinzufügen. Den Rum untermischen.

Eine Napfkuchenform dünn mit Butter ausstreichen und mit Semmelbröseln ausstreuen. Zwei Drittel der Teigmasse in die Form füllen und glatt streichen.

Unter den übrigen Teig die restliche Milch, das Kakaopulver und die Mandeln rühren. Den dunklen Teig auf dem hellen verteilen. Eine Gabel spiralförmig durch beide Teigschichten ziehen.

Den Backofen auf 175 °C vorheizen. Den Kuchen auf der untersten Einschubleiste etwa 70 Minuten backen. Nach dem Auskühlen mit Puderzucker bestäuben.

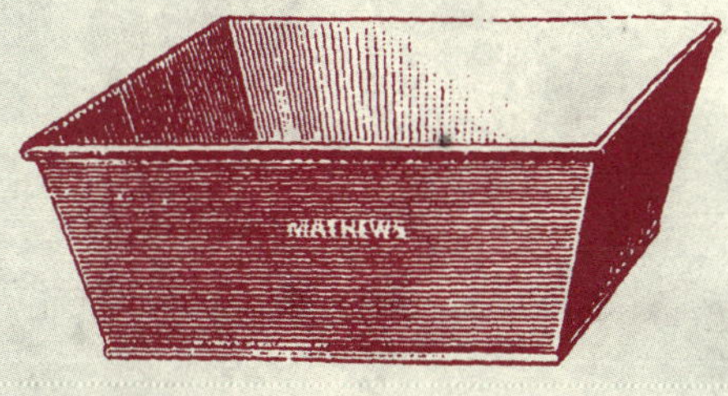

Napfkuchen

250 g Butter · 250 g Zucker · Salz · 1 Pck. Vanillezucker · abgeriebene Schale von 1 unbehandelten Zitrone · 4 Eier · 500 g Mehl · 1 Pck. Backpulver · ⅛ l Milch · Butter und Semmelbrösel für die Form

Die Butter flöckchenweise in eine Schüssel geben und mit dem Handrührgerät schaumig rühren. Den Zucker einrieseln lassen, etwas Salz, Vanillezucker und Zitronenschale hinzufügen. Die Eier einzeln unterrühren. Das Mehl mit dem Backpulver vermischen und durchsieben. Unter stetem Rühren das Mehl löffelweise zur Butter-Ei-Mischung geben. Dabei die Milch nach und nach hinzufügen.

Sobald das Mehl vollständig eingearbeitet ist, den Teig nochmals kräftig durchrühren. Eine Napfkuchenform dünn mit Butter ausstreichen und mit Semmelbröseln ausstreuen. Den Backofen auf 180 °C vorheizen. Die Masse in die Form füllen, glatt streichen und den Kuchen auf der untersten Einschubleiste etwa 55 Minuten backen. Nach 50 Minuten Backzeit eine Stäbchenprobe machen. Den Kuchen aus der Form stürzen und erkalten lassen.

Nusskuchen

250 g Margarine · 250 g Zucker · 1 Pck. Vanillezucker · 1 EL Rum · 4 Eier · 420 g Mehl · 1 Pck. Backpulver · 150 g Haselnüsse, gerieben · ⅛–¼ l Milch · Butter für die Form · Nüsse für die Form, gerieben ·
Für den Guss: *200 g Puderzucker · 1 EL Rum ·* Zum Garnieren: *einige Haselnüsse, halbiert*

Die Margarine mit dem Schneebesen schaumig rühren und dabei den Zucker einrieseln lassen. Vanillezucker, Rum und Eier nach und nach hinzufügen. Das Mehl mit dem Backpulver vermischen, durchsieben und in die schaumige Masse einrühren. Die Nüsse dazugeben und so viel Milch unterrühren, bis der Teig schön cremig wird. Eine Springform (26 cm Ø) gut mit Butter einfetten, mit geriebenen Nüssen ausstreuen und den Teig einfüllen. Den Backofen auf 180 °C vorheizen und den Kuchen auf der untersten Einschubleiste 60 bis 70 Minuten backen. Für den Guss den Puderzucker durchsieben und mit dem Rum und etwas Wasser verrühren. Den Kuchen herausnehmen, etwas abkühlen lassen, aus der Form auf eine Platte stürzen, den Guss darauf streichen und mit den halbierten Nüssen dekorativ garnieren.

Frankfurter Kranz

150 g Margarine · 175 g Zucker · Salz · 4 Eier · abgeriebene Schale von 1 unbehandelten Zitrone · 100 g Speisestärke · 2 TL Backpulver · 200 g Mehl · Butter für die Form · Für die Füllung: *1 TL Aprikosenmarmelade · 1 Pck. Vanillepuddingpulver · ½ l Milch · 75 g Zucker · 250 g Butter ·* Für den Krokant: *1 TL Butter · 60 g Zucker · 125 g Mandeln, gehackt ·* Zum Belegen: *10 Maraschinokirschen (aus dem Glas)*

Die Margarine mit dem Zucker und den Eiern schaumig rühren. Nach und nach 1 Prise Salz, abgeriebene Zitronenschale und das mit Backpulver und Speisestärke vermischte Mehl unterrühren.

Den Backofen auf 180 °C vorheizen. Eine Kranzkuchenform mit Butter einfetten und den Teig einfüllen. Den Kuchen im Backofen auf der zweiten Einschubleiste von unten 50 bis 60 Minuten backen. Den Kuchen herausnehmen, auf einen Kuchenrost stürzen und auskühlen lassen.

Den Kuchen zweimal waagrecht durchschneiden. Die Aprikosenmarmelade leicht erwärmen und den unteren Kuchenboden damit bestreichen. Den Vanillepudding nach Packungsanweisung mit Milch und Zucker zubereiten. Damit sich keine Haut bildet, den Pudding unter Rühren kalt werden lassen. Die Butter schaumig rühren und den Vanillepudding löffelweise darunter rühren; darauf achten, dass Pudding und Butter die gleiche Temperatur haben, da sonst die Creme gerinnt.

Auf den unteren Kuchenboden den nächsten setzen und diesen mit der Hälfte der Creme bestreichen. Den Deckel darauf setzen und auch diesen mit Creme bestreichen, dabei etwa 5 bis 6 EL Creme zur Garnierung zurückbehalten. Mit dem Spritzbeutel die Creme auf den Kranz spritzen.

Für den Krokant die Butter in einer Pfanne zergehen lassen, den Zucker dazugeben und so lange erhitzen, bis sich der Zucker leicht bräunt. Die gehackten Mandeln hinzufügen und unter Rühren so lange erwärmen, bis der Krokant genügend braun ist. Die Krokantmasse auf einem mit Butter gefetteten Blech erkalten lassen. Vor dem Servieren die Krokantmasse auf den Kranz streuen und darauf die Maraschinokirschen setzen.

Walnusstorte

4 Eier · 320 g Zucker · 2 Pck. Vanillezucker · 150 g Mehl · 100 g Speisestärke · 3 TL Backpulver · 3–4 EL Zitronengelee · 100 g Marzipanrohmasse · 50 g Puderzucker · 150 g Walnüsse, gemahlen · 500 g süße Sahne · 2 Pck. Sahnesteif · Außerdem: *100 g Walnüsse, gemahlen · 250 g süße Sahne · 12–16 Walnusshälften*

Den Backofen auf 175 °C vorheizen. Die Eier mit 4 EL Wasser schaumig schlagen. Dabei 300 g Zucker sowie 1 Päckchen Vanillezucker einrieseln lassen und die Masse so lange rühren, bis sie eine cremige Konsistenz hat. Mehl, Speisestärke und Backpulver mischen, dazusieben und mit dem Schneebesen locker unterheben.

Die Masse in eine am Boden mit Backpapier belegte Springform (26 cm Ø) füllen, glatt streichen und etwa 45 Minuten backen. Danach aus der Form lösen und abkühlen lassen. Den Tortenboden in drei Böden teilen.

Den unteren Boden dünn mit Zitronengelee bestreichen. Die Marzipanrohmasse mit Puderzucker verkneten, zwischen zwei Bögen Pergamentpapier in Kuchengröße ausrollen und auf den unteren Boden legen.

Die Walnüsse in einer beschichteten Pfanne ohne Fettzugabe rösten und erkalten lassen. Die Sahne zusammen mit Sahnesteif, dem restlichem Vanillezucker und 1 EL Zucker steif schlagen; die Walnüsse unterziehen. Eine Schicht Walnusssahne auf das Marzipan streichen. Den zweiten Boden mit restlichem Gelee bestreichen und darauf setzen.

Den zweiten Boden ebenfalls mit Walnusssahne bestreichen und mit dem dritten Boden abdecken. Die Torte rundherum mit Walnusssahne bestreichen und den

Rand mit gemahlenen Walnüssen bestreuen. Die restliche Sahne mit restlichem Zucker steif schlagen, in einen Spritzbeutel füllen und die Torte mit Sahnerosetten und Walnusshälften verzieren.

Die süße Sahne zusammen mit Sahnesteif und Puderzucker steif schlagen. Etwa die Hälfte der Schlagsahne mit den gemahlenen Nüssen vermischen und damit die Torte füllen. Die Torte von außen mit der restlichen Schlagsahne bestreichen. Den Rand mit Nüssen bestreuen und die Tortenoberfläche mit Nüssen und Sahnetupfen garnieren.

Walnussstrudel

Für den Quarkstrudelteig: *Margarine für die Form · Semmelbrösel · 600 g Weizenvollkornmehl · 2 Pck. Backpulver · 500 g Magerquark · 2 Eier · 150 g brauner Farinzucker · 2 Pck. Vanillezucker · Salz · abgeriebene Schale von 1 kleinen Zitrone* · Für die Füllung: *300 g Walnüsse, gemahlen (Gewicht ohne Schalen) · 300 g Zuckerrübensirup (z.B. Grafschafter Goldsaft) · flüssiger Süßstoff · 1–2 EL Mandellikör* · Außerdem: *Mehl für die Arbeitsfläche · Puderzucker zum Bestäuben*

Eine Kranzform (26 cm Ø) mit Margarine einfetten und mit den Semmelbröseln bestreuen. Den Backofen auf 190 °C vorheizen. 500 g Weizenvollkornmehl auf ein Backbrett geben und mit dem darüber gesiebten Backpulver mischen (das Mehl nicht sieben, da der ballaststoffreiche Schrot des Weizenvollkornmehls im Sieb zurückbleiben würde). In die Mitte eine Vertiefung drücken.

Den Quark, die Eier, den Farinzucker, den Vanillezucker, 1 Prise Salz und die Zitronenschale hineingeben. Alles zu einem festen Teig verkneten; das restliche Weizenvollkornmehl einkneten und den Teig zu einer Kugel formen.

Das Backbrett und die Teigkugel gut bemehlen. Den Teig zu einem Rechteck von 50 x 53 cm ausrollen (Teigdicke etwa ½ cm). Beim Ausrollen die Teigfläche und das Backbrett öfter bemehlen, um ein Ankleben an das Nudelholz bzw. Backbrett zu verhindern.

Die Walnüsse mit dem Zuckerrübensirup vermischen, dabei einige Spritzer flüssigen Süßstoff und 1 bis 2 EL Mandellikör hinzugeben, damit die Masse streichbarer wird. Die Walnuss-Zuckerrübensirup-Masse gleichmäßig auf der Teigfläche verteilen und glatt streichen. Den Teig an der 50 cm langen Seite aufrollen und mit der „Nahtseite“ nach innen in die Kranzform legen. Die beiden Enden des Strudels aneinanderdrücken. Den Strudel auf der unteren Einschubleiste etwa 1 Stunde backen. Den Strudel auf einem Küchenbrett auskühlen lassen und vor dem Servieren mit Puderzucker bestäuben.

Nusstorte

6 Eigelb · 200 g Zucker · 6 Eiweiß · 125 g Nüsse, gemahlen · 125 g Mehl · 1 Pck. Backpulver · Butter für die Form · Für die Füllung: *500 g süße Sahne · 2 Pck. Sahnesteif · 2 EL Puderzucker · 50 g Nüsse, gemahlen ·* Zum Verzieren: *einige ganze Nüsse*

Die Eigelbe schaumig rühren. Etwa zwei Drittel des Zuckers nach und nach einrieseln lassen; dabei so lange weiterschlagen, bis die Masse dickcremig ist. Die Eiweiße sehr steif schlagen und den restlichen Zucker hinzufügen.

Den Eischnee auf die Eigelbcreme gleiten lassen und die gemahlenen Nüsse darauf geben. Das Mehl mit dem Backpulver mischen und mit einem Schneebesen das Mehl vorsichtig unter die Schaummasse heben, bis alles miteinander vermischt ist. Den Backofen auf 180 °C vorheizen.

Den Boden einer Springform (26 cm Ø) mit Butter einfetten und mit Backpapier auslegen. Den Teig in die Form füllen und im Backofen auf der untersten Einschubleiste 45 bis 50 Minuten backen. Den Kuchen auf eine Platte stürzen, das Papier abziehen und abkühlen lassen. Den Biskuit zweimal durchschneiden.

Sterntaler

Für 40 Stück
Für den Teig: *250 g Butter · 125 g flüssiger Bienenhonig · 500 g Weizenmehl · 50 g Enzym-Ferment Getreide (z.B. von Kanne) · Salz · 100 g Haselnüsse, gemahlen* · Für die Füllung: *60 g Haselnüsse, gemahlen · 60 g Enzym-Ferment-Getreide · 60 g flüssiger Bienenhonig · 1–2 EL Brottrunk (z.B. Original Kanne Brottrunk)* ·
Zum Verzieren: *50 g Vollmilchschokolade*

In einer Schüssel die Butter cremig rühren und mit dem flüssigen Honig gut vermischen. Das Weizenvollkornmehl, ⅛ l Wasser, das Enzym-Ferment Getreide und 1 Prise Salz dazugeben und alles gut verkneten; die gemahlenen Haselnüsse unterrühren.

Den Teig ½ cm dick ausrollen und etwa 80 Sterne ausstechen. Die Sterne im vorgeheizten Backofen bei 200 °C etwa 10 Minuten hell backen.

Die Haselnüsse mit dem Enzym-Ferment-Getreide, dem Honig und dem Brottrunk gut vermischen. Jeweils einen Teelöffel voll auf die Unterseite eines ausgebackenen Sterns geben und einen zweiten Stern mit der Unterseite dagegen drücken. Die Schokolade im Wasserbad erwärmen und die Sterntaler mit der flüssigen Schokolade verzieren.

Barbarakuchen

200 g Butter oder Margarine · abgeriebene Schale von 1 unbehandelten Zitrone · 250 g Zucker · 4 Eier · 125 g Mehl · 125 g Speisestärke · ½ TL Backpulver · Butter für die Form · Für den Guss: *150 g Puderzucker · 2–3 EL Zitronensaft* · Zum Belegen: *rote Belegkirschen (Fertigprodukt)*

Die Butter oder Margarine mit dem Schneebesen schaumig rühren. Die abgeriebene Zitronenschale, den Zucker und die Eier dazugeben. Das Mehl, die Speisestärke und das Backpulver vermengen, durchsieben und zum Teig geben. Alles gut miteinander verrühren.

Den Backofen auf 180 °C vorheizen. Eine Kastenform mit Backpapier so auslegen, dass an beiden Schmalseiten jeweils ein Stück herausragt. Die Form mit etwas Butter einfetten. Den Teig einfüllen und den Kuchen im Backofen auf der untersten Einschubleiste 60 bis 70 Minuten backen.

Für den Guss den Puderzucker mit dem Zitronensaft glatt rühren, damit den noch heißen Kuchen bestreichen und die Belegkirschen dekorativ darauf setzen. In der Form erkalten lassen.

Königskuchen

200 g Margarine · 200 g Zucker · 1 Pck. Vanillezucker · 3 Eier ·
100 g Speisestärke · 400 g Mehl · 1 Pck. Backpulver · ⅛–¼ l Milch ·
75 g Rosinen · 50 g Korinthen · 1 EL Mehl · 50 g Zitronat, gehackt ·
50 g Mandeln, gehackt · 50 g kandierte Kirschen · Butter für die Form ·
Zum Bestäuben: *2 EL Puderzucker.*

Die Margarine mit einem Schneebesen schaumig rühren. Nacheinander Zucker, Vanillezucker und Eier hinzufügen. Speisestärke, Mehl und Backpulver gut vermischen, durchsieben und in die schaumige Masse unterheben. So viel Milch dazugießen und einarbeiten, bis ein glatter Teig entsteht.

Die Rosinen und Korinthen waschen, mit einem Tuch abtrocknen und danach mit dem Mehl mischen, damit sie nicht am Teigboden kleben bleiben. Zusammen mit dem Zitronat, den gehackten Mandeln und den kandierten Kirschen unter den Teig rühren.

Den Backofen auf 180 °C vorheizen. Eine Kastenform mit Butter einfetten, den Teig einfüllen und den Kuchen auf der untersten Einschubleiste 65 bis 70 Minuten backen. Herausnehmen, abkühlen lassen und auf eine Platte stürzen. Vor dem Servieren den Kuchen mit Puderzucker bestäuben.

Hefezopf

35 g Hefe · 300 ml lauwarme Milch · 80 g Zucker · 80 g Margarine · 500 g Mehl · Salz · 1 Ei · 1 Eigelb · 200 g Rosinen · 3–4 EL Weinbrand · abgeriebene Schale von 1 unbehandelten Zitrone · 100 g Zitronat · 100 g Haselnüsse, gerieben · 1 Eigelb zum Einstreichen

Für den Teig die Hefe in die Milch rühren, etwas Zucker hinzufügen und zugedeckt an einem warmen Ort etwa 20 bis 25 Minuten gehen lassen. Die Margarine zerlassen. Mehl, 1 Prise Salz, Ei, Eigelb, restlichen Zucker und die flüssige Margarine in in eine Schüssel geben. Den Hefeansatz dazugießen und das Ganze mit dem Knethaken des Handrührgeräts vermengen. Den Teig so lange kneten, bis er sich vom Schüsselrand löst. Den Teig zu einer Kugel formen, mit etwas Mehl bestäuben und an einem warmen Ort nochmals 20 bis 25 Minuten gehen lassen, bis sich sein Volumen verdoppelt hat. Den Backofen auf 200 °C vorheizen. Die Rosinen mit Weinbrand beträufeln und zusammen mit der Zitronenschale, dem Zitronat sowie den Haselnüssen in den aufgegangenen Hefeteig einarbeiten. Aus dem Teig drei Rollen formen, diese zu einem Zopf flechten, auf ein Backblech legen und nochmals gehen lassen. Den geformten Zopf mit Eigelb bepinseln und im Backofen auf der untersten Einschubleiste 35 Minuten backen.

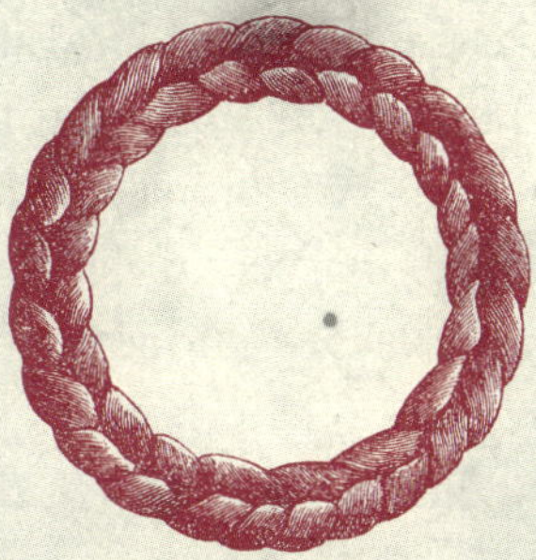

Dresdner Eierschecken

Für 20 Stücke

Für den Hefeteig: *125 g Mehl · 10 g Hefe · 2 EL Zucker · 2 EL Butterschmalz · Salz* · Für die Scheckenmasse: *½ Pck. Vanillepuddingpulver · 7 EL Zucker · ¼ l Milch · 100 g Butterschmalz · je 2 g Zitronen- und Vanillearoma · 3 Eigelb · 4 Eiweiß · 2½ EL Mehl · Salz* · Für die Quarkmasse: *300 g Quark · 3 EL Mehl · 1 Ei* · Außerdem: *Fett für das Blech · 5 EL Korinthen oder Rosinen*

Für den Teig das Mehl in eine Schüssel sieben und eine Mulde hineindrücken. Die Hefe zusammen mit etwas Zucker und 8 EL lauwarmem Wasser anrühren, in die Mulde gießen und mit Mehl bestäuben. Den Vorteig etwa 10 Minuten gehen lassen. Dann die restlichen Teigzutaten hinzufügen und alles gut verkneten. Zugedeckt an einem warmen Ort etwa 1 Stunde gehen lassen. Während der Teig geht, die Scheckenmasse zubereiten. Hierfür das Puddingpulver mit 2 EL Zucker und 6 EL Milch verrühren. Die restliche Milch in einem Topf zum Kochen bringen. Den Topf vom Herd nehmen, das angerührte Puddingpulver hineingeben und unter ständigem Rühren nochmals aufkochen lassen. Den Pudding abkühlen lassen. Den Pudding glatt rühren, Butterschmalz und Aromen hinzufügen und weiterrühren, bis eine homogene Creme entsteht. Die Eigelbe schnell unterrühren. Eiweiße zusammen mit restlichem Zucker und 1 Prise Salz zu Schnee schlagen. Die Puddingmasse und das Mehl unter den Eischnee ziehen. Den Backofen auf 200 °C vorheizen. Ein Backblech mit Butter einfetten. Den Hefeteig auf einer bemehlten Arbeitsfläche ausrollen, auf das Blech legen und andrücken. Quark, Mehl und Ei verrühren. Die Quarkmasse auf dem Hefeteig verstreichen und mit Korinthen oder Rosinen bestreuen. Die Puddingcreme auf der Quarkmasse verteilen. In den Ofen geben und etwa 50 Minuten backen. Den fertigen Kuchen mit einem langen Messer in 20 Stücke teilen.

Bienenstich

1 Pck. Trockenhefe · ⅛ l lauwarme Milch · 60 g Zucker ·
100 g Margarine · 500 g Mehl · Salz · 1 Ei · Butter für das Blech ·
Für den Belag: *3 EL Milch · 100 g Butter · 150 g Zucker ·*
1 Pck. Vanillezucker · 160 g Mandeln, gehobelt

Aus Trockenhefe, lauwarmer Milch, Zucker, Margarine, Mehl, 1 Prise Salz und dem Ei einen Hefeteig herstellen, wie in der Arbeitsanleitung für den Hefezopf (Seite 25) beschrieben. Ein Backblech mit Butter einfetten, darauf den aufgegangenen Teig ausrollen und weitere 15 Minuten gehen lassen.

Den Backofen auf 180 °C vorheizen. Für den Belag die Milch mit Butter, Zucker und Vanillezucker aufkochen lassen, von der Herdstelle nehmen und die gehobelten Mandeln darunter rühren. Die Masse abkühlen lassen und auf den Teig verteilen. Diesen nochmals einige Minuten gehen lassen und danach im Backofen 25 Minuten backen.

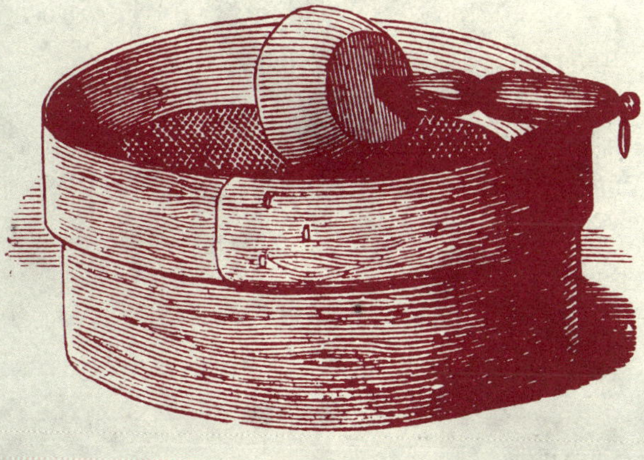

Gefüllter Bienenstich

*35 g Hefe · 300 ml lauwarme Milch · 80 g Zucker · 80 g Butter ·
500 g Mehl · ½ TL Salz · abgeriebene Schale von 1 unbehandelten Zitrone ·
Butter für das Blech* · Für den Belag: *200 g Butter · 200 g Zucker ·
1 Pck. Vanillezucker · 2 EL Milch · 200 g Mandeln, gehackt ·*
Für die Füllung: *½ l Milch · 75 g Zucker · 1 Pck. Vanillezucker ·
1 Pck. Vanillepuddingpulver · 1 Eigelb · 100 g Butter*

Aus Hefe, Milch, Zucker, Butter, Mehl, Salz, Ei und Zitronenschale einen Hefeteig herstellen, wie in der Arbeitsanleitung für den Hefezopf (Seite 25) beschrieben. Ein Blech mit Butter einfetten und darauf den fertigen Teig ausrollen.

Für den Belag die Butter schmelzen lassen. Zucker, Vanillezucker, Milch und die gehackten Mandeln hinzufügen. Alles einmal durchkochen, anschließend unter öfterem Umrühren erkalten lassen und gleichmäßig auf den Teig verteilen.

Den Backofen auf 225 °C vorheizen. Den Kuchen im Backofen auf der untersten Einschubleiste 20 Minuten backen. Herausnehmen, abkühlen lassen und in sechs gleich große Stücke schneiden. Jedes Stück einmal quer durchschneiden, um es später füllen zu können.

Für die Füllung drei Viertel der Milchmenge mit Zucker und Vanillezucker zum Kochen bringen. Das Vanillepuddingpulver mit der restlichen kalten Milch anrühren und in die kochende Milch einrühren. Nochmals kurz aufkochen lassen, bis die Masse dick wird.

Das Eigelb mit ein wenig Pudding verrühren und in den restlichen Pudding geben. Den Pudding unter öfterem Umrühren erkalten lassen. Die Butter mit dem

Schneebesen schaumig rühren und den erkalteten Pudding esslöffelweise einarbeiten. Zum Schluss jedes Stück Bienenstich mit Creme füllen und in Portionsstücke schneiden.

Butterkuchen

1 Würfel Hefe · ¼ l lauwarme Milch · 100 g Zucker · 100 g Butter · 500 g Mehl · Salz · abgeriebene Schale von 1 unbehandelten Zitrone · Muskatblüte · 1 Ei · Butter für das Blech · Für den Belag: *125 g Mandelscheibchen · 2 Pck. Vanillezucker · 60 g Zucker · 100 g Butterflöckchen ·* Außerdem: *125 g saure Sahne · 2 EL Zucker · 1 TL Zimt*

Aus Hefe, Milch, Zucker, Butter, Mehl, 1 Prise Salz, Zitronenschale, 1 Prise Muskatblüte und dem Ei einen Hefeteig zubereiten, wie in der Arbeitsanleitung für den Hefezopf (Seite 25) beschrieben. An einem warmen Ort den Teig so lange gehen lassen, bis sich die Menge verdoppelt hat.

Ein Backblech mit Butter einfetten, darauf den Hefeteig ausrollen und diesen weitere 15 Minuten gehen lassen. Die Mandelscheibchen auf den Teig verteilen und Vanillezucker und Zucker darüber streuen. Die Butterflöckchen darauf setzen.

Den Backofen auf 180 °C vorheizen. Den Kuchen auf der untersten Einschubleiste 20 Minuten backen. Das Blech herausnehmen und den noch heißen Kuchen mit der sauren Sahne bestreichen. Vor dem Servieren Zucker und Zimt darüber streuen.

Rosenkuchen

Für den Teig: *425 g Mehl · 1 Pck. Trockenhefe · Salz · 1 Beutel Orangenschalenaroma (Fertigprodukt) · 100 g Zucker · 1 Pck. Vanillezucker · 200 ml lauwarme Milch · 1 Ei · 120 g Butterschmalz ·* Für die Füllung: *4 EL Butterschmalz · 5 EL Zucker · 2 Pck. Vanillezucker · 1 Ei · 1 Eigelb · 250 g Magerquark · 1 Beutel Orangenschalenaroma (Fertigprodukt) · 150 g Mohn · 1 Beutel Rumrosinen · 2 EL Vanillepuddingpulver ·* Für den Guss: *3 EL Aprikosenkonfitüre*

Das Mehl mit der Trockenhefe, 1 Prise Salz, dem Orangenschalenaroma, dem Zucker und dem Vanillezucker mischen. Die lauwarme Milch, das Ei sowie weiches Butterschmalz hinzufügen und die Zutaten mit dem Knethaken des Handrührgeräts verkneten. Zugedeckt an einem warmen Ort etwa 40 Minuten gehen lassen. Für die Füllung das weiche Butterschmalz mit dem Zucker und dem Vanillezucker verrühren und das Ei sowie das Eigelb unterrühren. Nacheinander den Magerquark, das Orangenschalenaroma, den Mohn, die Rumrosinen und das Vanillepuddingpulver in die Masse einrühren.

Den Hefeteig gut durchkneten, bis er sich vom Schüsselrand löst. Auf einer bemehlten Arbeitsfläche den Teig zu einem Rechteck von 50 x 30 cm ausrollen und die Füllung darauf verteilen; dabei einen 1 cm breiten Rand freilassen. Die Platte gleichmäßig aufrollen.

Die Teigrolle mit einem scharfen Messer in etwa 4 cm breite Scheiben schneiden. Die Röllchen mit der Schnittfläche nach oben nebeneinander in eine mit Backpapier ausgelegte Springform (26 cm Ø) stellen und etwa 15 Minuten gehen lassen.

Im vorgeheizten Backofen bei 175 °C etwa 50 bis 55 Minuten backen; den Kuchen auskühlen lassen.

Für den Guss die Aprikosenkonfitüre mit 1 EL Wasser verrühren und kurz erhitzen. Eventuell durch ein Sieb geben und den Kuchen damit bestreichen.

Tipp: Anstelle der Aprikosenkonfitüre kann man den Kuchen auch einfach mit Puderzucker bestäuben.

Prasselkuchen

Für den Teig: *375 g Mehl · 1 Beutel Citro-back (z.B. von Schwartau) · 1 Msp. Kardamom · 1 Prise Salz · 90 g zerlassene Butter · 300 g saure Sahne* · Außerdem: *200 g Mehl · 100 g Zucker · 1 Pck. Vanillezucker · 200 g Butter · Zucker und Zimtpulver*

Zwei Drittel des Mehls in einer Schüssel mit Citro-back, Kardamom und Salz vermischen. Flüssige Butter sowie saure Sahne hinzufügen und alles verrühren. Das restliche Mehl dazugeben und alles zu einem glänzenden Teig verkneten.

Den Teig zwischen Backpapier dünn ausrollen, vierfach zusammenlegen, nochmals dünn ausrollen und wiederum vierfach zusammenlegen. Nun dünn ausrollen, in Rauten schneiden und auf ein mit Backpapier belegtes Blech legen.

Den Backofen auf 225 °C vorheizen. Aus Mehl, Zucker, Vanillezucker und 150 g Butter Streuseln kneten. Die restliche Butter zerlassen, die Teigstücke damit bestreichen und die Streusel darauf verteilen. Alles mit Zucker und Zimt bestreuen und im Backofen etwa 20 Minuten backen.

Böhmische Golatschen

Für 12 Stücke

Für den Teig: *500 g Mehl · 30 g Hefe · 8 EL Zucker · 200 ml lauwarme Milch · 8 EL Pflanzenöl* · Für den Belag: *500 g Süßkirschen · 500 g Stachelbeeren* · Für die Streusel: *75 g Mehl · 5 EL Speisestärke · 75 g Zucker · 1 Prise Salz · ½ TL Zimtpulver · 75 g weiche Butter · 3 EL Kokosraspel*

Das Mehl in eine Schüssel sieben und eine Mulde hineindrücken. Die Hefe zusammen mit etwas Zucker und der Milch glatt rühren, in die Mulde gießen und mit etwas Mehl bestäuben. Den Vorteig etwa 10 Minuten gehen lassen. Die restlichen Teigzutaten hinzufügen und das Ganze so lange verkneten, bis sich der Teig vom Schüsselrand löst. Zugedeckt an einem warmen Ort etwa 50 Minuten gehen lassen.

Den Teig nochmals durchkneten und in 12 Stücke teilen. Jedes Teigstück mit bemehlten Händen zu einem Kreis von etwa 10 cm Ø auseinanderdrücken, dabei einen Rand formen. Die Teilchen auf ein mit Backpapier belegtes Blech legen.

Den Backofen auf 200 °C vorheizen. Die Kirschen waschen, gut abtropfen lassen und entsteinen. Die Stachelbeeren waschen und trockentupfen. Die Früchte auf den Teigteilchen verteilen.

Mehl, Speisestärke, Zucker, Salz, Zimt, Butter und Kokosraspeln in einer Schüssel miteinander verkneten. Die Masse zwischen den Fingern zerreiben, bis sich Streuseln bilden. Die Streusel auf den Teigteilchen verteilen und das Ganze im Backofen etwa 25 Minuten backen.

Baumkuchen

Für 10 Stücke

Für den Teig: *225 g Butter · 1 Pck. Vanillezucker · 175 g Zuckerrübensirup (z.B. Grafschafter Goldsaft) · 1 TL Zimtpulver · 5 Eier · 1–2 EL Weinbrand oder Rum · 225 g Mehl · 1–2 EL Speisestärke · ½ Pck. Backpulver · Salz · etwas Zitronensaft · Pergamentpapier · Butter für die Form* · Für den Guss: *100 g Schokoladenkuvertüre (Vollmilch, Halbbitter oder Haselnuss) · 1 EL Zitronensaft · 3 gehäufte EL Puderzucker*

Die Butter mit dem Vanillezucker schaumig rühren und nach und nach den Zuckerrübensirup unterrühren, bis alles eine gleichmäßige, helle Schaummasse ist. Den Zimt und 2 ganze Eier sorgfältig darunter rühren. 3 Eier trennen, die Eigelbe unter die Schaummasse rühren und den Weinbrand oder Rum untermischen. Das Mehl mit der Speisestärke und dem Backpulver vermengen und ebenfalls unter die Schaummasse rühren. Die Eiweiße mit 1 Prise Salz und einem Spritzer Zitronensaft steif schlagen; mit einem Schneebesen gleichmäßig unter den Teig heben.

Eine kleine Springform (18 cm Ø) mit Pergamentpapier auslegen und den Rand sowie den Boden mit Butter einfetten. Den Backofen auf 200 °C vorheizen.

Gut 2 EL Teig auf dem Springformboden verteilen und 10 Minuten auf der zweiten Einschubleiste von unten backen; 2 EL Teig auf den vorgebackenen Boden geben und das Ganze weitere 10 Minuten backen. Die Teigschichten nacheinander auftragen und jeweils 10 Minuten backen, bis der Teig aufgebraucht ist. Nach der dritten Teigschicht den Kuchen bei nur noch 175 °C auf der mittleren Einschubleiste weiterbacken; ein Kuchenblech darunter schieben, um die Unterhitze zu reduzieren. Die letzte Teigschicht 10 bis 15 Minuten backen.

Mit einem Holzstäbchen oder einer Stricknadel die Garprobe machen: In die Mitte des Kuchens bis zum Boden einstechen und das Stäbchen herausziehen. Wenn Teig daran klebt oder Feuchtigkeit daran haftet, den Kuchen noch bis zu 10 Minuten weiterbacken; eventuell die Oberfläche mit Alufolie abdecken.

Den Kuchen aus dem Ofen nehmen, den Rand mit einem glatten Messer von der Form lösen und die Springform öffnen. Den Kuchen auf eine Platte stürzen, den Springformboden abnehmen und das Papier vorsichtig abziehen. Den Kuchen erkalten lassen.

Die Schokoladenkuvertüre im Wasserbad erwärmen und mit einem Pinsel auf dem Kuchen und am Kuchenrand verstreichen. Den Zitronensaft erhitzen, mit dem Puderzucker verrühren und kreisförmig auf die noch warme Kuvertüre geben. Mit einem Holzstäbchen oder der Stricknadel vom Kuchenrand nach innen zur Kuchenmitte und wieder nach außen ziehen und dabei den weißen Guss durch den dunklen ziehen, sodass ein sternförmiges Muster entsteht. Den Guss erkalten lassen.

Tipp: Zum Verschenken packen Sie den Kuchen in Frischhaltefolie, und liefern Sie das Rezept am besten gleich mit. Der Kuchen lässt sich auch anlassbezogen dekorieren (z.B. mit ausgestochenen Marzipansternen zu Weihnachten, mit Herzen, Zahlen und Buchstaben). Da er sehr gehaltvoll ist, die Stücke nicht zu groß schneiden.

Birnenkuchen

240 g Mehl · 1 TL Zimtpulver · 60 g Walnüsse, fein gehackt ·
120 g Zucker · 1 Pck. Vanillezucker · Salz · 1 Ei · 150 g Butterflöckchen ·
Für die Obstfüllung: *6 mittelgroße Williamsbirnen · etwas Zuckerwasser ·*
Für die Cremefüllung: *1 Pck. Zitronencreme (Fertigprodukt) ·*
3 Blatt weiße Gelatine · 250 g süße Sahne

Das Mehl mit Zimt und gehackten Walnüssen mischen. In die Mitte eine Mulde drücken. Zucker, Vanillezucker und 1 Prise Salz an den Mehlrand schütten und in die Mulde das Ei und 1 EL Wasser geben. Die Butter auf den Mehlrand legen, gut durchhacken und zu einem glatten Teig verkneten. Eine Kugel formen, in Alufolie wickeln und 20 Minuten kühl stellen.

Die Birnen schälen, halbieren, Kerngehäuse entfernen und im Zuckerwasser halb weich garen; abtropfen lassen. Mit etwa einem Drittel der Teigmenge den Boden einer Springform (26 cm Ø) auslegen.

Den Backofen auf 200 °C vorheizen. Die Hälfte des übrigen Teiges auf einer Arbeitsfläche ausrollen und in der Mitte ein etwa 10 cm großes Stück ausstechen. Den restlichen Teig zu einer dünnen Rolle verkneten und um den Teigboden legen. Den Teig dünn am Springformrand hochdrücken. Die Decke über die Birnen legen. Im Backofen auf der untersten Einschubleiste 20 bis 25 Minuten backen. Die Creme nach Packungsanweisung zubereiten. Die Gelatine in Wasser auflösen. Die süße Sahne steif schlagen. Sobald die Crememasse zu erkalten beginnt, die aufgelöste Gelatine und zwei Drittel der Schlagsahne unterziehen. Die Creme in einer kalt ausgespülten Kuppelschüssel (10 cm Ø) erstarren lassen und anschließend in die Mitte des ausgekühlten Kuchens stürzen. Die restliche Schlagsahne in einen Spritzbeutel füllen und kleine Tupfen an den Cremerand spritzen.

Flockentorte

50 g Butter oder Margarine · Salz · 150 g Mehl · 4–5 Eier ·
½ TL Backpulver · Butter und Mehl für das Blech · Für die Füllung:
250 g Magerquark · ⅛ l Milch · 4 EL Zucker · 250 g süße Sahne ·
2 Pck. Vanillezucker · 1 Dose Fruchtcocktail · Außerdem:
Puderzucker zum Bestäuben

⅛ Liter Wasser zusammen mit der Butter und 1 Prise Salz zum Kochen bringen. Das Mehl durchsieben. Sobald sich die Butter im Wasser aufgelöst hat, den Topf von der Herdstelle nehmen und das Mehl hineinschütten; glatt rühren. Die Masse bei schwacher Hitzezufuhr so lange rühren, bis sich ein weißer Belag am Topfboden gebildet hat. Den Teig in eine Schüssel füllen und sofort 1 Ei unterrühren. Die Teigmasse abkühlen lassen, die restlichen Eier nacheinander dazugeben und gut in den Teig einarbeiten; das Backpulver dazugeben.

Den Backofen auf 220 °C vorheizen. Eine Springform (26 cm Ø) mit Butter einfetten und mit Mehl bestäuben. Je ein Drittel der Teigmenge in die Form geben und nacheinander jeweils 20 Minuten backen. Die gebackenen Tortenböden herausnehmen und auskühlen lassen.

Für die Füllung den Quark mit Milch und Zucker in einer Schüssel schaumig rühren. Die süße Sahne steif schlagen und den Vanillezucker dazugeben. Den Fruchtcocktail auf einem Sieb gut abtropfen lassen und mit dem Quark mischen. Die geschlagene Sahne unterheben.

Die Hälfte der Füllung auf einen Tortenboden geben, den zweiten Boden darauf legen und die übrige Füllung darauf glatt streichen. Den dritten Tortenboden auf die Quarkmischung legen und mit Puderzucker bestäuben.

Gedeckter Apfelkuchen

350 g Weizenvollkornmehl · 150 g Butter · 75 g Honig · 2 Eier · 2 TL Backpulver · abgeriebene Schale von ½ Zitrone · Vollmeersalz ·
Für die Füllung: *1½–2 kg säuerliche Äpfel · 50 g Honig · 50 g Rosinen · 1 TL Zitronensaft · ½ TL Zimt, gemahlen ·* Außerdem:
½ Eigelb und 1 EL Milch zum Bestreichen

Das (möglichst frisch gemahlene) Mehl mit Backpulver, abgeriebener Zitronenschale und 1 Prise Salz mischen. In die Mitte eine Vertiefung drücken, Eier und Honig darin mit etwas Mehl zu einem dicken Brei verrühren. Die in feine Scheiben geschnittene Butter darüber geben und alles rasch zu einem glatten Teig verkneten. Den Teig 30 Minuten kühl stellen.

Die geschälten, vom Kerngehäuse befreiten Äpfel in kleine Stücke schneiden und zusammen mit den gewaschenen Rosinen in ganz wenig Wasser im geschlossenen Topf etwa 10 Minuten auf kleiner Flamme dünsten. Dann auf einem Sieb gut abtropfen und abkühlen lassen. Danach die Apfelstücke in einer Schüssel mit Honig, Zitronensaft und Zimt gut vermischen.

Den Backofen auf 180 °C vorheizen. Die Hälfte des Teiges auf dem Boden einer mit Butter eingefetteten Springform (26 cm Ø) ausrollen, mehrmals mit einer Gabel einstechen und im Backofen 15 bis 20 Minuten vorbacken. Danach einige Minuten abkühlen lassen.

Von einem Teil des übrigen Teiges eine Platte in der Größe der Springform ausrollen. Den Rest zu fingerdicken Rollen formen, diese an den Rand des vorgebackenen Bodens legen und etwa 3 cm hochdrücken. Die Apfelmasse einfüllen, die Teigplatte darauf legen und die Teigränder andrücken.

Das Eigelb und die Milch verquirlen und damit die Teigplatte bestreichen. Mehrmals mit einer Gabel einstechen. Den Kuchen im Backofen bei 180 °C etwa 25 Minuten fertig backen.

Sächsischer Apfelkuchen

125 g Butter oder Margarine · 75 g Zucker · 1 Pck. Vanillezucker, · 2 Eier · 175 g Mehl · 50 g Speisestärke · 1 TL Backpulver · Butter für die Form · Für den Belag: *1 kg Äpfel · 150 g Butter oder Margarine, · 175 g Zucker · 1 Pck. Vanillezucker · 2 Eier · 750 g Magerquark · 125 g Speisestärke · 2 TL Backpulver*

Den Backofen auf 200 °C vorheizen. Die Butter oder Margarine mit Zucker, Vanillezucker und Eiern schaumig rühren. Das Mehl mit Speisestärke und Backpulver vermischen und unterrühren. Eine Springform (26 cm Ø) mit Butter einfetten. Den Teig einfüllen und im Backofen etwa 15 Minuten vorbacken.

Den Kuchen herausnehmen, jedoch nicht aus der Form nehmen. Den Backofen noch nicht ausschalten. Die Äpfel schälen, die Kerngehäuse entfernen, das Fruchtfleisch in Scheiben schneiden und diese gleichmäßig auf dem vorgebackenen Kuchen verteilen.

Die Butter oder Margarine mit dem Schneebesen schaumig rühren, Zucker, Vanillezucker und Eier dazugeben und alles glatt verrühren. Den Quark und die Speisestärke mit dem Backpulver mischen und ebenfalls dazugeben. Das Ganze zu einer glatten Creme verrühren. Die Quarkmasse auf die Äpfel streichen und den Kuchen im Backofen 60 bis 70 Minuten fertig backen.

Apfelstrudel

Für den Strudelteig: *250 g Mehl · 1 Ei · 1 EL Öl · Salz ·*
Für die Füllung: *1,5 kg Äpfel · 250 g Apfelmus · 2 EL Enzym-Ferment-Getreide (z.B. Kanne) · 2–3 EL Rosinen · 100 g Mandeln, gestiftelt · 100 g Zucker*

Das Mehl in eine Schüssel geben. Das Ei mit dem Öl, ⅛ l lauwarmem Wasser und dem Salz gut verquirlen und mit dem Mehl verrühren. Den Teig auf einer bemehlten Arbeitsfläche gut und lange kneten, einen Laib formen und diesen zugedeckt etwa 1 Stunde ruhen lassen.

Für die Füllung die Äpfel schälen, von den Kerngehäusen befreien und in kleine Stücke schneiden. Mit dem Apfelmus, dem Enzym-Ferment-Getreide, den Rosinen, den Mandeln und dem Zucker vermengen. Den Teiglaib auf einer bemehlten Arbeitsfläche ganz dünn ausrollen und mit der Füllung bestreichen.

Den Strudel vorsichtig aufrollen und auf ein gefettetes Backblech setzen. Im vorgeheizten Backofen bei 200 °C etwa 40 Minuten goldbraun backen.

Schwäbischer Rahmstrudel

250 g Mehl · Salz · 1 Ei · 2 EL Butter oder Margarine · Mehl für das Tuch ·
Für die Füllung: *75 g Butter · 4 Eigelb · 75 g Zucker · 250 g saure Sahne ·*
4 EL Semmelbrösel · 1 Msp. Zimt · 75 g Rosinen · 100 g Weintrauben ·
4 Eiweiß · ¼ l Milch · Außerdem: *3 EL Butter zum Bestreichen ·*
Puderzucker zum Bestäuben

Das Mehl in eine Schüssel sieben, eine Mulde in die Mitte drücken und in diese 1 Messerspitze Salz und das Ei geben. 4 EL lauwarmes Wasser unterrühren und den Teig mit dem Handrührgerät durcharbeiten, bis er glatt und glänzend ist.

Die Butter oder Margarine zerlassen und damit den Teig bestreichen. Die Schüssel zudecken und den Teig an einem warmen Ort ruhen lassen. Ein Tuch mit Mehl bestäuben und darauf mit einem Nudelholz den Teig rechteckig (etwa 80 x 50 cm) ausrollen.

Für die Füllung Butter, Eigelbe und Zucker sehr schaumig rühren. Saure Sahne, Semmelbrösel, Rosinen und Zimt darunter rühren. Die Weintrauben waschen, von den Stielen zupfen, halbieren, entkernen und unter die Creme heben. Die Eiweiße sehr steif schlagen und unterrühren.

Die Füllung auf den Teig geben und dabei einen etwa 15 cm breiten Längsstreifen freilassen. Den Teig an den Enden einschlagen und zur ungefüllten Seite hin aufrollen. Eine Fettpfanne mit etwas Butter einfetten und den Strudel vorsichtig darauf gleiten lassen. Den Backofen auf 200 °C vorheizen. Die restliche Butter schmelzen und den Teig damit bepinseln. Den Strudel im Backofen auf der untersten Einschubleiste 60 Minuten backen. Nach 30 Minuten Backzeit die Milch in die Fettpfanne gießen. Nach dem Backen den Strudel mit Puderzucker bestäuben.

Mohnzopf mit Aprikosen

Für 20 Stücke
Für den Teig: *500 g Mehl · 1 Würfel Hefe · 250–300 ml lauwarme Milch · 50 g Zucker · Salz · 100 g Butter · Mehl für die Arbeitsfläche* · Für die Füllung: *100 g Aprikosen (aus dem Glas) · 250 g Mohn-Füllung (z.B. als Fertigprodukt von GOLDPUDER) · 7 EL Aprikosensaft · 3 EL Aprikosen-konfitüre* · Für die Mohnbutter: *125 g Butter · 1 Eigelb zum Bestreichen*

Das Mehl in eine Schüssel geben, in die Mitte eine Vertiefung drücken, die Hefe hineinbröckeln, mit etwas Zucker bestreuen und etwas Milch verrühren. Den Vorteig 20 Minuten an einem warmen Ort zugedeckt gehen lassen.

Den restlichen Zucker und die restliche Milch, 1 Prise Salz und die Butter dazugeben, alles gut verkneten und weitere 30 Minuten gehen lassen. Den Teig auf einer bemehlten Arbeitsfläche zu einem Rechteck ausrollen und in drei Streifen schneiden.

Die Aprikosen fein würfeln, die Mohnfüllung mit Aprikosensaft verrühren und davon 1 EL beiseite stellen. Die Hefeteigstreifen zuerst mit Konfitüre, dann mit der Mohnfüllung bestreichen und zum Schluss mit den Aprikosen belegen. Die Teigstreifen längs aufrollen, die Stränge zu einem Zopf flechten und etwa weitere 30 Minuten gehen lassen. Die restliche Mohnfüllung mit der Butter verrühren und den Mohnzopf mit verquirltem Eigelb bestreichen.

Den Backofen auf 175 °C vorheizen und den Zopf darin 30 bis 40 Minuten goldbraun backen. Herausnehmen, auskühlen lassen, in Scheiben schneiden und zusammen mit der Mohnbutter servieren.

Mohnstollen

1 Würfel Hefe · 300 ml lauwarme Milch · 80 g Zucker · 80 g Margarine · 500 g Mehl · ½ TL Salz · 1 Ei · 1 Eigelb · Mehl für die Arbeitsfläche ·
Für die Füllung: *250 g Mohn, gemahlen · ¼ l Milch · 150 g Zucker · 1 Pck. Vanillezucker · 50 g Rosinen · abgeriebene Schale von 1 unbehandelten Zitrone · 2 EL Honig · 1 TL Rum ·* Außerdem: *2 EL Puderzucker zum Bestäuben*

Aus Hefe, Milch, Zucker, Margarine, Mehl, Salz, Ei und Eigelb einen Hefeteig herstellen, wie in der Arbeitsanleitung für den Hefezopf (Seite 25) beschrieben. Auf einer bemehlten Arbeitsfläche den aufgegangenen Teig etwa ½ cm dick zu einem Rechteck ausrollen.

Für die Füllung den gemahlenen Mohn mit heißer Milch überbrühen. Zucker, Vanillezucker, Rosinen und Zitronenschale einrühren. Den Honig und den Rum dazugeben. Die Füllung auf den Teig streichen. Diesen zuerst von der einen Seite zur Hälfte und dann von der anderen Seite her aufrollen.

Den Backofen auf 200 °C vorheizen. Ein Backblech mit Butter einfetten und darauf den Stollen umgedreht legen und einige Minuten nochmals gehen lassen. Den Mohnstollen im Backofen 40 bis 50 Minuten backen. Herausnehmen, abkühlen lassen und vor dem Servieren mit Puderzucker bestäuben.

Schlesischer Mohnkuchen

Für den Teig: *500 g Mehl · 1 Würfel Hefe · 6 EL Zucker · ¼ l lauwarme Milch · 75 g Butter · ½ TL Salz · 2 Eier* · Für den Belag: *¾ l Milch · 75 g Butter · 150 g feiner Grieß · 2 Eier · 125 g Zucker · 250 g Mohn, gemahlen · 75 g geschälte Mandeln, gehackt · abgeriebene Schale von 1 unbehandelten Zitrone* · Für die Streusel: *100 g Butter · 6 EL Zucker · 175 g Mehl · 1 Msp. Salz · Zimtpulver* · Außerdem: *Butter für das Blech*

Für den Teig das Mehl in eine Schüssel sieben und eine Mulde hineindrücken. Die Hefe zusammen mit etwas Zucker und Milch anrühren, in die Mulde gießen und mit Mehl bestäuben. Den Vorteig etwa 10 Minuten gehen lassen. Dann die restlichen Teigzutaten hinzufügen und alles gut verkneten. Zugedeckt an einem warmen Ort etwa 1 Stunde gehen lassen. Ein Backblech einfetten. Den Teig fingerdick ausrollen und auf das Blech geben. Für den Belag die Milch zusammen mit der Butter aufkochen lassen, den Grieß einrühren und bei geringer Hitze 10 Minuten köcheln lassen. Eier, Zucker, Mohn, Mandeln und Zitronenschale hinzufügen. Die Grieß-Mohn-Mischung auf den Teig streichen und das Ganze nochmals 15 Minuten gehen lassen. Den Backofen auf 200 °C vorheizen. Für die Streusel Butter, Zucker, Mehl, Salz und Zimt in einer Schüssel kneten, bis sich Streusel bilden. Diese mit den Händen zu Bröseln zerreiben und auf dem Kuchen verteilen. Den Kuchen etwa 25 Minuten im Backofen backen.

Pflaumen-Mohn-Kuchen

Für ca. 20 Stücke

Für den Teig: *500 g helles Weizenmehl mit Weizenkeimen (z.B. Aurora „Urkraft des Keimes") · 1 Pck. Trockenhefe · 5 EL Zucker · Salz · 250 ml warme Milch · 1 frisches Ei · 5 EL Butter* · Für den Belag: *250 g Magerquark · 2 frische Eier · abgeriebene Schale von 1 unbehandelten Zitrone · 8 EL Zucker · 1 Pck. Vanillezucker · 2 EL Speisestärke · 2 Pck. backfertige Mohnmischung (z.B. Mohn-back von Schwartau; à 250 g) · 750 g Pflaumen (Zwetschgen)* · Außerdem: *Butter für das Blech · Mehl zum Ausrollen*

Das Mehl in eine Schüssel geben und die Trockenhefe, den Zucker und 1 Msp. Salz darunter mischen; die Milch dazugießen und das Ganze verrühren. Das Ei untermengen und zuletzt die flüssige Butter unterkneten. Den Teig zu einer Kugel formen und an einem warmen Ort etwa 40 Minuten gehen lassen.

Die Eier sorgfältig trennen; die Eiweiße kalt stellen. Den Quark in eine Schüssel geben und die Eigelbe mit dem Quirlhaken eines elektrischen Handrührgeräts unterrühren. Die Zitronenschale zusammen mit dem Zucker, dem Vanillezucker und der Stärke zur Quarkmasse geben und alles gut verquirlen.

Die Eiweiße steif schlagen und den Eischnee unterheben. Die Mohnmischung in eine Schüssel geben. Die Pflaumen waschen, längs einschneiden und entsteinen. Ein Backblech mit Butter einstreichen und den Backofen auf 200 °C vorheizen.

Den Teig nochmals durchkneten. Den Teig auf einer bemehlten Arbeitsfläche zu einem Rechteck ausrollen, auf das Blech legen und weiter bis zu den Blechrändern ausrollen. Die Quarkmasse, die Mohnmischung und die Pflaumen diagonal und abwechselnd in Reihen auf dem Teig verteilen. Den Kuchen im Backofen auf der mittleren Einschubleiste etwa 40 Minuten backen.

Variation: Sie können noch Streusel (aus Butter, Zucker, Mehl und Zimt) über den Kuchen verteilen. Statt Pflaumen eignen sich auch frische Aprikosen und natürlich Äpfel und Birnen.

Mohntorte

5 Eigelb · 150 g Zucker · Salz · 180 g Buchweizenmehl · 1 EL Speisestärke · 1 EL Kakaopulver · 1 Beutel Mohn-back (z.B. von Schwartau) · 5 Eiweiß · 750 g süße Sahne · 2 Pck. Sahnesteif · 450 g Preiselbeeren (aus dem Glas) · 3 EL Pistazien, gehackt

Den Backofen auf 180 °C vorheizen. Die Eigelbe mit 5 EL Wasser schaumig rühren; dabei Zucker und Salz einrieseln lassen. Mehl, Speisestärke sowie Kakaopulver mischen, dazusieben und mit dem Schneebesen locker unterheben. Mohnback unterrühren. Die Eiweiße steif schlagen und vorsichtig unterziehen.

Die Masse in eine am Boden mit Backpapier belegte Springform (26 cm 0) füllen, glatt streichen und etwa 40 Minuten backen. Aus der Form lösen und abkühlen lassen. Den Tortenboden in drei Böden teilen.

Die süße Sahne zusammen mit Sahnesteif steif schlagen. Für die Füllung zwei Drittel der Sahne mit den Preiselbeeren vermischen, dabei Preiselbeeren für die Verzierung zurückbehalten. Die Torte mit der Preiselbeersahne füllen und rundherum damit bestreichen. Die restliche Sahne in einen Spritzbeutel füllen. Mit Sahneringen, restlichen Preiselbeeren und Pistazien verzieren.

Blitzkuchen

Für 20 Stücke

300 g Butter · 225 g Zucker · 5 Eier · 170 g Buttermilch · 330 g GOLDPUDER Schnell-Mehl · 1½ TL Backpulver · 1 Pck. Vanillezucker · Salz · abgeriebene Schale von 1 unbehandelten Zitrone · Butter für das Blech · Für den Belag: *75 g Zucker · 1 TL Zimt · 150 g Mandelblätter · 7 EL Butterflöckchen*

Den Backofen auf 200 °C vorheizen. Die Butter und den Zucker schaumig rühren. Die Eier nacheinander einrühren und die Buttermilch dazugeben; das Mehl mit dem Backpulver mischen, zusammen mit dem Vanillezucker, 1 Prise Salz und der Zitronenschale unterrühren und den Teig auf ein mit Butter eingefettetes Backblech streichen.

Für den Belag Zucker, Zimt und die Mandelblättchen vermischen und auf dem Teig verteilen. Die Butterflöckchen auf den Kuchen setzen und diesen in etwa 20 Minuten goldbraun backen.

Tipp: Nach Wunsch können Sie den Kuchen mit Puderzucker bestäuben und mit Krokantsahne garnieren.

Schoko-Quark-Torte

2 dunkle Wiener Böden (Fertigprodukt) · 500 g Magerquark · abgeriebene Schale von ½ unbehandelten Zitrone · 3 EL Zitronensaft · 50 g Speisestärke · 2 Eigelb · ½ l Milch · 50 g Zucker · 2 TL Vanillezucker · 6 Blätter weiße Gelatine · 2 Eiweiß, steif geschlagen · Außerdem: *2 Blätter weiße Gelatine · 200 g Erdbeeren, püriert · 50 g Zartbitterschokolade · 200 g Erdbeerhälften · 2 EL Puderzucker*

Einen Wiener Boden in eine Springform (26 cm Ø) geben. Quark, Zitronenschale und -saft verrühren. Speisestärke mit Eigelben und 4 EL Milch glatt rühren. Restliche Milch zusammen mit Zucker und Vanillezucker aufkochen und die Speisestärke dazugeben. Die Gelatine auflösen, unterrühren und abkühlen lassen. Den Eischnee und die Masse unterheben.

Die Gelatine nach Packungsanweisung auflösen und zusammen mit 5 EL Quarkcreme unter das Erdbeerpüree ziehen. Quark- und Erdbeercreme im Kühlschrank halbfest werden lassen, dann abwechselnd auf den Boden streichen. Den zweiten Wiener Boden darüber geben und die Torte für 3 Stunden kühl stellen.

Die Schokolade im Wasserbad schmelzen. Die Erdbeerhälften halb hineintauchen und erkalten lassen. Die Torte mit Puderzucker bestäuben und mit Schoko-Erdbeeren sowie restlichen Erdbeeren verzieren.

Käsetorte

250 g Mehl · 80 g Zucker · Salz · 1 TL Backpulver · 150 g Butter · Butter für die Form · Für die Füllung: *1 kg Sahnequark · abgeriebene Schale von 1 unbehandelten Zitrone · 200 g Zucker · 3 EL Mehl · Salz · 5 Eier · 2 Eigelb · 4 EL süße Sahne, geschlagen*

Das Mehl auf eine Arbeitsfläche sieben und eine Vertiefung in die Mitte drücken. Den Zucker und 1 Prise Salz auf den Mehlrand schütten und das Backpulver dazugeben. Die Butter in Flöckchen auf den Mehlrand legen und das Ei in die Mulde geben.

Mit einem Pfannenmesser sämtliche Zutaten von der Mitte her gleichmäßig zerhacken. Die Teigbrösel mit kalten Händen zu einem glatten Ballen verkneten. Den Teig 30 Minuten kühl stellen und danach in eine mit Butter eingefettete Springform (26 cm Ø) füllen.

Den Backofen auf 220 °C vorheizen. Für die Füllung in den Quark Zitronenschale, Zucker, Mehl, 1 Prise Salz, Eier, Eigelbe und Schlagsahne einrühren. Die Masse auf den Teigboden geben und im Backofen auf der untersten Einschubleiste etwa 10 Minuten vorbacken. Die Hitzezufuhr auf 125 °C reduzieren und die Torte in weiteren 75 Minuten fertig backen.

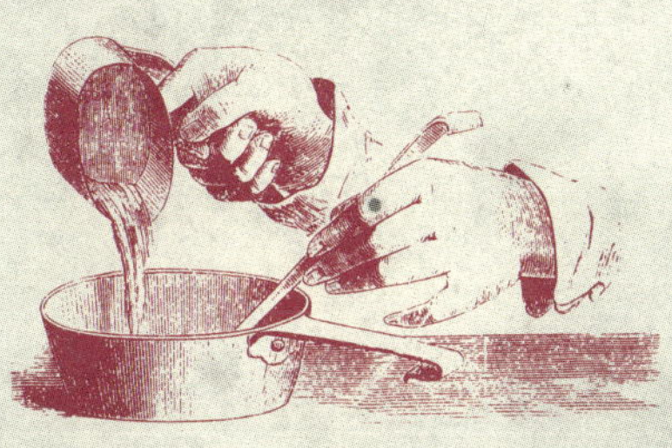

Aprikosen-Käse-Kuchen

Für den Teig: *175 g Butter · 1 Pck. Vanillezucker · 150 g Zucker · 3 Eier · 75 g Speisestärke · 200 g Mehl · 1 TL Backpulver · Salz · 2 EL Milch ·* Für den Belag: *150 g Butter · 100 g Zucker · 1 Pck. Vanillezucker · 2 Eier · 750 g Magerquark · 100 g Speisestärke · 1 TL Backpulver · 1 kg vollreife Aprikosen · 5 EL Pistazienkerne ·* Außerdem: *3 EL Aprikosenkonfitüre zum Bestreichen · Butter für das Blech*

Den Backofen auf 175 °C vorheizen. Für den Teig die Butter stückchenweise in eine Schüssel geben. Vanillezucker, Zucker, Eier, Speisestärke, Mehl, Backpulver, Salz sowie Milch hinzufügen. Das Ganze mit dem Handrührgerät auf höchster Schaltstufe etwa 2 Minuten durchrühren. Ein Backblech mit Butter gut einfetten. Den Teig darauf streichen und im Backofen 10 bis 15 Minuten vorbacken. Danach abkühlen lassen. Den Backofen bei 175 °C eingeschaltet lassen. Für den Belag Butter, Zucker, Vanillezucker, Eier, Quark, Speisestärke und Backpulver in eine Schüssel geben. Mit dem Handrührgerät auf höchster Stufe 2 Minuten durchrühren. Die Quarkmasse auf den vorgebackenen Kuchen streichen. Die Aprikosen gründlich waschen, halbieren und entsteinen. Die Fruchthälften mit der Schnittfläche nach oben auf die Quarkmasse legen. Die Pistazienkerne auf die Aprikosen streuen. Den Kuchen in den Ofen geben und 40 bis 45 Minuten backen. Die Aprikosenkonfitüre mit 1 EL Wasser glatt rühren und den noch warmen Kuchen damit bestreichen.

Käsekuchen

Für 16 Stücke
Für den Boden: *100 g Vollkorn-Butterkekse · 6 EL Butter ·*
Für die Füllung: *500 g Ricotta (italienischer Molkenfrischkäse aus Schafsmilch) · 4 frische Eier · 5 EL Zucker · 1 Pck. Vanillepuddingpulver · Saft von 1 Zitrone · 100 g süße Sahne · Salz · 1 Glas entsteinte Sauerkirschen (720 ml, 370 g Abtropfgewicht)* · Für den Belag: *5 EL Butter · 5 EL Zucker · 100 g süße Sahne · 100 g Sonnenblumenkerne (z.B. USA)*

Die Vollkornkekse mit dem Schneidestab eines elektrischen Handrührgeräts zerkleinern und die flüssige Butter darunter mischen; gut verkneten und auf dem Boden einer Springform (24 cm Ø) verteilen. Den Ricotta in eine Schüssel geben. Die Eier sorgfältig trennen; die Eiweiße kalt stellen, die Eigelbe zum Ricotta geben und gut verquirlen. Unter Rühren den Zucker, das Puddingpulver, den Zitronensaft und die Sahne dazugeben; schön cremig rühren. Zu den Eiweißen 1 Prise Salz geben, steif schlagen und unter die Käsemasse ziehen. Die Sauerkirschen gut abtropfen lassen und unterheben. Für den Belag die Butter schmelzen, den Zucker unter Rühren darin auflösen, die Sahne angießen und alles aufkochen. Die Sonnenblumenkerne dazugeben und die Masse abkühlen lassen. Die Käse-Kirsch-Masse auf den Kuchenboden geben, darauf die Sonnenblumenkernmischung verteilen und im vorgeheizten Backofen auf der mittleren Einschubleiste bei 175 °C etwa 1 Stunde backen.

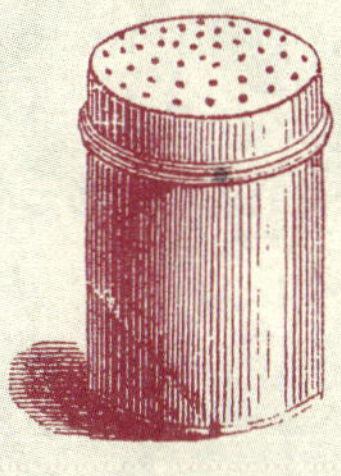

Kokos-Limetten-Torte

Für 12 Stücke

3 Limetten · 100 g Kokosraspel · 60 Eiswaffeln (z.B. von Tekrum) · 125 g Butter · 200 g süße Sahne · 8 EL Zucker · 400 g Doppelrahmfrischkäse

Zwei Limetten heiß abwaschen, gut abtrocknen, die Schale abreiben und in eine Schüssel geben. Die Früchte halbieren und auspressen. Den Saft und die Kokosraspel dazugeben. Alles gut vermengen und etwas durchziehen lassen.

Die Eiswaffeln portionsweise in einen Gefrierbeutel geben, mit der Teigrolle mehrmals darüber rollen und so die Waffeln zerkleinern. Die Brösel zusammen mit der weichen Butter in eine Schüssel geben und alles gut verkneten. Die Masse mit nassen Händen auf dem Boden einer Tarteform (24 cm Ø) verteilen und andrücken.

Die Sahne zusammen mit dem Zucker steif schlagen. Den Doppelrahmfrischkäse zu den Kokosraspeln geben und gut verquirlen; die Sahne unterheben. Die Masse auf den Tarteboden geben und glatt streichen. Die Tarte mindestens 6 Stunden (besser über Nacht!) kalt stellen.

Die dritte Limette heiß abspülen, abtrocknen und in sehr dünne Scheiben schneiden. Die Tarte mit den Limettenscheiben garnieren.

Variation: Statt Limetten kann man auch Orangen oder Blutorangen verwenden. Die Tarte ist sehr gehaltvoll. Wer Kalorien und Fett sparen möchte, verwendet statt Doppelrahmfrischkäse Magerquark mit 20% Fett i.Tr.

Kleckselkuchen

Für den Teig: *400 g Mehl · 30 g Hefe · 8 EL Zucker · ¼ l lauwarme Milch · 100 g Butter* · Für die Streusel: *100 g Butter · 100 g Zucker · 100 g Mehl* · Außerdem: *250 g Schichtkäse · 2 Eier · 5 EL Zucker · 75 g saure Sahne · 300 g feste Zwetschgenmarmelade · 3 EL Rotwein · Butter für das Blech*

Mehl in eine Schüssel sieben und eine Mulde hineindrücken. Hefe zusammen mit etwas Zucker und Milch anrühren, in die Mulde gießen und mit Mehl bestäuben. Den Vorteig etwa 20 Minuten gehen lassen. Restliche Teigzutaten hinzufügen und alles gut verkneten. Zugedeckt an einem warmen Ort 30 Minuten gehen lassen.

Den Backofen auf 190 °C vorheizen. Ein Backblech einfetten. Den Teig 1 cm dick ausrollen, auf das Blech geben und mit einer Gabel mehrfach einstechen. Aus Butter, Zucker und Mehl Streusel formen.

Den Schichtkäse mit Eiern, Zucker und saurer Sahne glatt rühren; die Zwetschgenmarmelade mit dem Rotwein glatt rühren. Auf den Teig abwechselnd Streusel, Schichtkäsemasse und Zwetschgenmarmelade setzen. Den Kuchen im Backofen etwa 35 Minuten backen.

Engelstorte

Für 16 Stücke

Für den Teig: *6 Eier · 250 g weiche Butter · 100 g Zucker · Salz · 100 g weiße Schokolade · 250 g Mehl (z.B. GOLDPUDER Back-Mehl) · 2 TL Backpulver · 50 g dunkle Raspelschokolade ·* Für die Füllung: *300 g Magerquark · 8 EL Puderzucker · 1 Dose Kokosmilch (165 ml) · 3 EL Zitronensaft · 1 TL abgeriebene Schale von 1 unbehandelten Zitrone · 9 Blatt weiße Gelatine · 500 g süße Sahne · 100 g Kokosraspel · 100 g Ananas (aus der Dose) ·* Zum Verzieren: *500 g süße Sahne · 2 EL Puderzucker · 2 EL Sahnesteif · 100 g Kokosraspel*

Die Eier trennen; die Butter, den Zucker und die Eigelbe mit 1 Prise Salz schaumig schlagen. Die weiße Schokolade im heißen Wasserbad schmelzen und etwas abkühlen lassen. Das Mehl mit dem Backpulver vermischen und auf die Eicreme sieben; die geschmolzene Schokolade zusammen mit der Raspelschokolade gut unterrühren. Die Eiweiße zu steifem Schnee schlagen und unterziehen.

Eine Springform (28 cm Ø) mit Backpapier auslegen und den Backofen auf 180 bis 200 °C vorheizen. Den Boden etwa 45 bis 50 Minuten backen; auskühlen lassen und zweimal waagerecht durchschneiden.

Den Quark mit dem Puderzucker, der Kokosmilch, dem Zitronensaft und der Zitronenschale verrühren. Die Gelatine nach Packungsanweisung auflösen und unter die Creme rühren; die Creme kalt stellen, bis sie anfängt zu gelieren. Die süße Sahne steif schlagen und unterziehen.

Die Creme halbieren und unter die eine Hälfte Kokosraspel ziehen. Die Ananas fein würfeln und unter die übrige Creme ziehen. Den unteren Boden auf eine Tortenplatte legen und einen Tortenring darum setzen. Die Ananascreme einfüllen, den zweiten Boden auflegen, die Kokoscreme einfüllen, mit dem obersten Boden abdecken und die Torte etwa 2 bis 3 Stunden kalt stellen.

Die Torte der Länge nach halbieren und zu „Flügeln" zusammensetzen. Die Sahne mit dem Puderzucker und dem Sahnesteif steif schlagen und die Tortenhälften damit bestreichen. Die Kokosraspel in einer Pfanne hellbraun rösten und die Tortenränder damit bestreuen.

Linzertorte

350 g ungeschälte Mandeln, gerieben · 400 g Mehl · 350 g Butter · 250 g Puderzucker · 3 Eigelb · 1 Msp. Zimtpulver · Mark von 1 Vanilleschote · abgeriebene Schale von 1 unbehandelten Zitrone · Außerdem: *1 große Backoblate (ca. 26 cm Ø) · 1 Eigelb · 1 EL Milch · 200 g Johannisbeergelee*

Die Mandeln auf eine Arbeitsfläche schütten und das Mehl darüber sieben. Eine Mulde in die Mischung drücken. Die Butter flöckchenweise, Puderzucker, Eigelbe, Gewürze und Zitronenschale in die Mulde geben.

Die Teigzutaten mit beiden Händen rasch zu einer geschmeidigen Masse verarbeiten. Den Teig in zwei Hälften teilen, jeweils in Alufolie wickeln und etwa 1 Stunde im Kühlschrank ruhen lassen.

Eine Teighälfte auf einer mit Mehl bestäubten Arbeitsfläche etwa 1 cm dick ausrollen. Ein Backblech mit Backpapier belegen, die Teigplatte darauf legen und einen Tortenring von 26 cm Ø darauf drücken. Die Teigreste entfernen und für die Stränge mitverwenden.

Den Backofen auf 200 °C vorheizen. Die Oblate eventuell zurechtschneiden und auf die Teigplatte legen, dabei ringsum einen etwa 1 cm breiten Teigrand freilassen.

Das Eigelb mit Milch glatt rühren und den freien Teigrand damit bestreichen, nicht jedoch den Tortenring, da die Torte sonst festklebt. Einen langen, etwa fingerdicken Teigstrang rollen und als Tortenrand auf den Teigboden geben. An Boden und Tortenring leicht festdrücken.

Das Johannisbeergelee mit einem Schneebesen glatt rühren und auf der Oblate gleichmäßig verstreichen. Aus dem restlichen Teig Stränge rollen, in der Länge zurechtschneiden und als Gitter auf das Gelee legen.

Die Teigstränge und den Tortenrand mit restlichem Eigelb bestreichen. Die Torte im Backofen bei 200 °C 10 Minuten backen, dann auf 160 °C zurückschalten und die Torte in etwa 1 Stunde fertig backen.

Streuselkuchen

20 g Hefe · ⅛ l Milch · 80 g Zucker · 100 g Margarine · 400 g Mehl · Salz · 2 Eier · 2 EL flüssige Butter · 1 Eigelb, verquirlt · Butter für das Blech · Für die Streusel: 250 g Mehl · Salz · 125 g Zucker · 125 g Butter · Mark von 2 Vanilleschoten

Aus Hefe, Milch, Zucker, Margarine, Mehl, 1 Prise Salz und den Eiern einen Hefeteig zubereiten, wie in der Arbeitsanleitung für den Hefezopf (Seite 25) beschrieben. Den Teig so lange gehen lassen, bis sich die Menge etwa verdoppelt hat.

Ein Backblech mit Butter einfetten. Eine Arbeitsfläche mit Mehl bestäuben, darauf den Teig ausrollen und diesen auf das Backblech legen. Die flüssige Butter und das verquirlte Ei über den Teig streichen.

Den Backofen auf 200 °C vorheizen. Für die Streusel das Mehl mit 1 Prise Salz, Zucker, Butter und Vanillemark locker verkneten. Die Streusel auf den ausgerollten Teig verteilen. Den Streuselkuchen im Backofen auf der untersten Einschubleiste 20 Minuten backen.

Mandel-Honig-Kuchen

Für den Teig: *200 g Mehl · 100 g zerlassene Butter · Salz · 3 EL Akazienhonig · 6 EL Johannisbeergelee* · Für die Füllung: *4 Eigelb · 3 EL Akazienhonig · 100 g Zucker · 1 EL Speisestärke · 1–2 EL Amaretto (Mandellikör) · 300 g Mandeln, gemahlen · 4 Eiweiß* · Außerdem: *Butter für die Form · 1 kandierte Kirsche · 80 g Mandeln, geschält*

Das Mehl auf eine Arbeitsfläche sieben und eine Mulde hineindrücken. Flüssige Butter, 1 Prise Salz, Honig sowie 3 EL Wasser in die Mulde geben. Die Teigzutaten mit beiden Händen zu einer geschmeidigen Masse verkneten. In Alufolie wickeln und etwa 30 Minuten im Kühlschrank ruhen lassen.

Den Backofen auf 200 °C vorheizen. Eine Springform (26 cm Ø) mit Butter ausfetten. Den Teig auf einer bemehlten Arbeitsfläche ausrollen und in die Form geben, dabei an den Seiten etwas hochziehen. Den oberen Rand mit einem Holzlöffel dicht nebeneinander wellenartig eindrücken.

Den Boden mit einer Gabel mehrmals einstechen. Das Gelee glatt rühren und den Boden damit bestreichen.

Für die Füllung Eigelbe, Honig, Zucker, Speisestärke, Amaretto und Mandeln mit dem Handrührgerät gut durchrühren. Die Eiweiße sehr steif schlagen und vorsichtig unterziehen. Die Masse auf den Teigboden geben und glatt streichen.

Die Kirsche in die Kuchenmitte geben und die Mandeln strahlenförmig um diese herum anordnen, sodass eine Blume entsteht. In der Mitte noch einen Mandelkranz legen. Den Kuchen im Backofen etwa 1 Stunde backen. 15 Minuten vor Ende der Backzeit den Kuchen mit Backpapier abdecken.

Honig-Nuss-Strudel

100 g weiche Butter · 500 g Mehl · 30 g Hefe · ⅛ l Milch · 2 Eigelb · 1 Ei · 50 g Zucker · Salz · Für die Füllung: *200 g Honig · 250 g Walnüsse, gerieben · 3–4 EL Milch · abgeriebene Schale von 1 unbehandelten Zitrone · Mehl für das Brett · Butter für das Blech ·* Außerdem: *1 Eigelb und 2 EL Milch zum Bestreichen · Puderzucker zum Bestäuben*

Die weiche Butter zum Mehl geben und mit einem Messer so lange hacken, bis Mehl und Butter gut vermischt sind. Die Masse in eine Schüssel geben. Die Hefe in etwas lauwarmer Milch auflösen. Zusammen mit Eigelben, Ei, Zucker, 1 Prise Salz, Milch und Mehl vermischen. Den Teig so lange schlagen, bis er sich vom Schüsselrand löst und Blasen wirft. Zugedeckt an einem warmen Ort ca. 30 Minuten gehen lassen.

Inzwischen für die Füllung Honig, Walnüsse, Milch und die Zitronenschale gut verrühren. Den Teig auf einem bemehlten Brett 1 cm dick ausrollen und mit der Füllung bestreichen (1 cm an den Rändern freilassen). Den Teig vorsichtig aufrollen und auf ein mit Butter eingefettetes Backblech legen. Nochmals 15 Minuten gehen lassen.

Den Backofen auf 160 °C vorheizen. Das Eigelb mit der Milch verrühren und damit die Teigrolle bestreichen. Den Strudel im Backofen auf der untersten Einschubleiste 45 Minuten backen. Den Strudel aus dem Backofen herausnehmen und noch warm mit Puderzucker bestäuben.

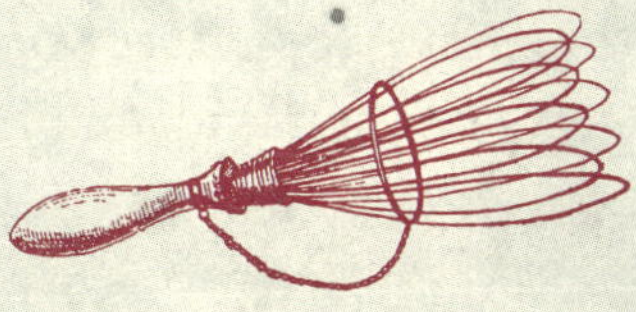

Friesischer Pflaumenkuchen

Für den Teig: *250 g Magerquark · 250 g Vollkornmehl (Type 1700) · 250 g Butter · Salz* · Für die Creme: *5 Eigelb · 125 g Zucker · 4 EL Mehl · ½ l Milch · ½ Vanilleschote · 5 EL Mandeln, gehackt* · Für den Belag: *2 kg Pflaumen · 5 EL Mandeln, gehackt · 5–10 EL Zucker*

Ein Sieb mit einem Küchentuch auslegen, den Quark hineingeben und vorsichtig ausdrücken. Das Mehl auf eine Arbeitsfläche sieben, die Butter in Flöckchen sowie den Quark hinzufügen. Mit kühlen Händen zu einem geschmeidigen Teig kneten und das Salz einarbeiten. Den Teig zu einer Rolle formen, in Alufolie wickeln und 30 Minuten im Kühlschrank ruhen lassen.

Den Teig zu einem Rechteck ausrollen und möglichst exakt zu drei Schichten übereinander klappen. Mit einem feuchten Tuch bedeckt nochmals 15 Minuten kühl stellen. Ein Backblech kalt abspülen und abtrocknen. Den Teig auf dem Blech etwa 3 mm dick ausrollen, überstehenden Teig abschneiden. Nochmals 15 Minuten kühl stellen. Den Backofen auf 225 °C vorheizen.

Den Teig im Ofen 10 bis 15 Minuten vorbacken und dann herausnehmen. Den Ofen eingeschaltet lassen. Für die Creme die Eigelbe zusammen mit dem Zucker schaumig schlagen. Das Mehl sieben und unter ständigem Rühren löffelweise dazugeben. Die Milch zusammen mit der Vanilleschote zum Kochen bringen und wieder abkühlen lassen.

Die Vanilleschote herausnehmen und die lauwarme Milch unter die Eier-Mehl-Masse rühren. Das Ganze in einem Topf zum Kochen bringen, etwa 2 Minuten köcheln lassen, durch ein Sieb streichen und abkühlen lassen. Dann die Mandeln darunter mischen.

Die Creme auf dem vorgebackenen Teig verstreichen. Die Pflaumen waschen, trockenreiben, halbieren, entsteinen und das Fruchtfleisch vierteln. Die Pflaumenviertel gleichmäßig auf der Creme verteilen und mit etwas Zucker und gehackten Mandeln bestreuen.

Den Backofen auf 200 °C zurückschalten und den Kuchen darin etwa 25 Minuten backen. Den fertigen Kuchen je nach Süße der Pflaumen mit Zucker bestreuen und noch warm servieren.

Zwetschgenstrudel

Für 10 Stücke

Für den Teig: *250 g Mehl (z.B. GOLDPUDER Back-Mehl) · Salz · 50 g zerlassene Butter · 1 TL Öl · Mehl für das Tuch ·*

Für die Füllung: *500 g Zwetschgen · 400 g Magerquark · 75 g Butter · 3 EL Zucker · Mark einer Vanilleschote · 1 Päckchen Vanillezucker · 3 Eier · 2 EL Pistazien, gehackt · abgeriebene Schale von 1 unbehandelten Zitrone · 100 g Amarettinikekse*

Das Mehl mit 1 Prise Salz mischen, zusammen mit der zerlassenen Butter und 125 ml lauwarmem Wasser zu einem Strudelteig verkneten und so lange auf die Tischplatte schlagen, bis er geschmeidig ist. Den Teig mit Öl bestreichen und abgedeckt 30 Minuten ruhen lassen.

Für die Füllung die Zwetschgen waschen, halbieren, die Kerne entfernen und das Fruchtfleisch würfeln. Den Quark abtropfen lassen. 3 EL Butter, Zucker, Vanillemark und Vanillezucker schaumig schlagen und die Eier einzeln unterrühren. Quark, Pistazien und Zitronenschale unter die Eimasse heben.

Den Backofen auf 220 °C vorheizen. Den Teig auf einem bemehlten Küchentuch zu einem Rechteck von etwa 30 x 40 cm ausrollen und dünn auseinanderziehen. Die restliche Butter zerlassen und einen Teil davon auf den Teig streichen. Die Amarettini fein zerbröseln und auf den Boden streuen, darauf die Quarkfüllung und die Zwetschgen verteilen, jedoch an den Seiten einen Rand von etwa 4 cm frei halten. Die Teigkanten einschlagen, den Strudel von der langen Seite her aufrollen und mit der Nahtstelle nach unten auf ein mit Backpapier ausgelegtes Blech legen. Den Strudel mit Butter bestreichen und 35 bis 40 Minuten goldbraun backen; eventuell den Strudel nach der Hälfte der Backzeit abdecken.

Kirschgugelhupf

Für 20 Stücke

1 Glas Kirschen (720 ml) · 200 g Butter · 200 g Zucker · 1 Päckchen Vanillezucker · Salz · abgeriebene Schale von 1 unbehandelten Orange · 5 Eier · 3 EL Milch · 1 ½ TL Lebkuchengewürz · 280 g Mehl (z.B. GOLDPUDER Auslese-Mehl) · 2 TL Backpulver · Butter für die Form · 12 EL Whisky-Sahne-Likör · 150 g Puderzucker · 1 TL Kakao · 2 EL Pistazien, gehackt

Den Backofen auf 180 °C vorheizen. Die Kirschen gut abtropfen lassen. Die Butter, die Hälfte des Zuckers, den Vanillezucker, 1 Prise Salz und die Orangenschale schaumig rühren. Die Eier trennen; die Eigelbe, die Milch und die Gewürze unterrühren. Die Eiweiße steif schlagen, restlichen Zucker einrieseln lassen und unter den Teig heben. Mehl und Backpulver mischen, durchsieben und unterrühren. Die Kirschen dazugeben, den Teig in eine mit Butter gefettete Gugelhupfform füllen und 1 Stunde im Backofen backen. Den Kuchen herausnehmen, auf eine Platte stürzen, auskühlen lassen und zwischendurch mit 6 EL Likör tränken. Den restlichen Likör, Puderzucker und Kakao glatt rühren und den Kuchen damit überziehen; mit Pistazien bestreuen und trocknen lassen. Nach Wunsch mit weißer Kuvertüre verziert servieren.

Kirschstrudel

Für den Teig: *200 g Mehl · 1 Ei · 2 EL Pflanzenöl · Salz ·*
Für die Füllung: *1,5 kg Süßkirschen · 6 EL Butter · 75 g Mandeln, fein gehackt · 75 g Haselnüsse, fein gehackt · 150 g Zucker · Zimtpulver ·*
Außerdem: *Öl für die Schüssel · Butter für das Blech · 100 g Butter zum Bestreichen*

Das Mehl in eine Schüssel sieben und in die Mitte eine Mulde drücken. Ei, Öl und 1 Prise Salz in die Mulde geben. Die Zutaten leicht vermischen und nach und nach 6 EL lauwarmes Wasser dazugeben. Den Teig etwa 10 Minuten kneten, bis er glatt und nicht mehr klebrig ist. Zu einer Kugel formen. Eine Schüssel mit Öl ausstreichen, den Teig hineingeben, mit Klarsichtfolie abdecken und bei Zimmertemperatur 30 Minuten ruhen lassen.

Ein großes Tuch mit Mehl bestäuben und den Teig darauf rechteckig ausrollen. Vorsichtig mit den Fingerspitzen an den Längsseiten anfassen und in die Länge und Breite ziehen. Dann den Teig über die Handrücken legen und ihn gleichmäßig dünn ausziehen.

Den Backofen auf 190 °C vorheizen. Die Kirschen waschen, trockentupfen und entsteinen. Die Butter erhitzen und die Mandeln sowie die Haselnüsse darin anrösten. Die Kirschen auf zwei Drittel des Teiges verteilen und mit Mandeln, Nüssen, Zucker und Zimtpulver bestreuen.

5 EL Butter zerlassen und den übrigen Teig damit bestreichen. Das Tuch mit beiden Händen anheben und den Strudel aufrollen. Ein Backblech mit Butter einfetten und den Strudel darauf legen. Die restliche Butter zerlassen, den Strudel damit bestreichen und im Backofen etwa 35 Minuten backen.

Sauerkirschschnitten

250 g Butter · 200 g Zucker · Salz · 5 Eier · 100 g Mandeln, gemahlen · 275 g Mehl · 1 EL Backpulver · 2 EL Kirschwasser · Butter für das Blech · 3 EL Kakaopulver · 1 EL Milch · 700 g Sauerkirschen ohne Stein (aus dem Glas) · Für die Glasur: *1 Pck. Kuchenglasur · 2 EL Milch · 100 g Pistazien, gehackt*

Den Backofen auf 180 °C vorheizen. Die Butter mit dem Handrührgerät schaumig rühren. Nach und nach unter Rühren den Zucker einrieseln lassen, bis eine cremige Masse entsteht. 1 Prise Salz hinzufügen. Die Eier einzeln unterrühren und die Mandeln hinzufügen. Das Mehl mit dem Backpulver vermischen und durchsieben. Unter ständigem Rühren löffelweise zur übrigen Teigmasse geben. Zum Schluss das Kirschwasser darunter mischen. Ein Backblech mit Butter einfetten und zwei Drittel des Teiges darauf verteilen. Den restlichen Teig mit dem Kakaopulver und der Milch verrühren. Den dunklen Teig auf dem hellen verteilen. Die Kirschen abtropfen lassen und auf den dunklen Teig geben. Das Ganze in den Ofen geben und etwa 40 Minuten backen. Für den Guss die Glasur im Wasserbad auflösen und die Milch einrühren. Den abgekühlten Kuchen mit der Glasur überziehen, mit Pistazien bestreuen und in gleich große Schnitten teilen.

Kirschtaler

250 g Butter oder Margarine · 200 g Zuckerrübensirup (z.B. Grafschafter Goldsaft) · ¼ TL Salz · ¼ TL gemahlener Ingwer · abgeriebene Schale von 1 unbehandelten Zitrone · 1 Msp. Muskatblüte · ½ TL Zimt · 50 g Schokoladenraspel · 200 g Weizenvollkornmehl · 150 g feine Haferflocken · Butter für die Form · Zum Verzieren: *80 g Kirschkonfitüre · Mandeln, gehackt · Schokostreusel*

Die Butter bzw. Margarine mit dem Zuckerrübensirup, dem Salz, dem Ingwer, der Zitronenschale, der Muskatblüte und dem Zimt zu einer cremigen Masse verrühren. Die Schokoladenraspel, das Mehl und die Haferflocken dazugeben und alles zu einem glatten Teig verkneten. Rollen von etwa 25 bis 30 cm Länge daraus formen und etwa 1 Stunde kalt stellen. Die Rollen in dünne Scheiben schneiden und diese – nicht zu eng aneinander – auf ein eingefettetes Backblech legen. Jeweils in die Mitte einen Tupfen Kirschkonfitüre setzen und die Taler im vorgeheizten Backofen bei 175 bis 200 °C etwa 8 bis 10 Minuten backen. Die Kirschtaler können noch vor dem Backen nach Belieben mit Schokostreuseln oder gehackten Mandeln bestreut werden.

Schokoladenbiskuitrolle

je 65 g Weizen und Dinkel, fein gemahlen · 3 EL Kakaopulver · 4 Eiweiß · 130 g Akazienhonig · 4 Eigelb · 250 g Himbeeren · 400 g süße Sahne · 200 g Doppelrahmfrischkäse · 2 EL Akazienhonig · 1 Pck. Vanillezucker · 3 Bananen · 5 Blätter weiße Gelatine · Schokoladenraspel

Den Backofen auf 200 °C vorheizen. Das Mehl und den Dinkel mit Kakaopulver vermischen. Die Eiweiße zusammen mit 2 EL Wasser und Honig steif schlagen. Die Eigelbe unterrühren, die Mehlmischung unterheben und die Masse auf ein mit Backpapier belegtes Blech streichen. Alles etwa 12 Minuten backen. Den Biskuit stürzen und das Backpapier abziehen.

Die Himbeeren waschen und einige zum Garnieren zurückbehalten. Die Gelatine einweichen. Die süße Sahne steif schlagen. Den Frischkäse mit Honig und Vanillezucker glatt rühren. Zwei Bananen schälen, pürieren und darunter mischen. Die Gelatine auflösen, die Bananencreme darunter ziehen und zwei Drittel der Sahne unterrühren. Die Bananencreme auf die Roulade streichen, die Himbeeren darüber geben und die Roulade aufrollen. Für 2 Stunden kühl stellen. Mit Sahne bestreichen, die restliche Sahne als Rosetten darauf spritzen. Die dritte Banane schälen und in Scheiben schneiden. Die Roulade mit Bananenscheiben, restlichen Himbeeren und Schokoladeraspeln garnieren.

Rhabarberkuchen

200 g Mehl · 1 Ei · 120 g Butter · 4 EL brauner Farinzucker · Butter für die Form · 4 EL Kokosflocken · 1 kg Rhabarber · 100 g Zucker · 4 Eigelb · 3 EL Grieß · 1 TL Zimtpulver · 100 g saure Sahne · 5 Eiweiß · 5 EL Puderzucker · 2 EL Haselnüsse, gemahlen · 1 Msp. Nelken, gemahlen

Aus Mehl, Ei, Butter und Farinzucker einen Mürbeteig kneten. Diesen in Alufolie wickeln und für 1 Stunde kühl stellen. Ausrollen und in eine mit Butter gefettete Springform (24 cm Ø) legen, dabei einen 4 cm hohen Rand formen. Die Kokosflocken in einer Pfanne anrösten und gleichmäßig auf den Teig streuen. Den Ofen auf 200 °C vorheizen. Den Rhabarber schälen, in 3 cm lange Stücke schneiden und zusammen mit 4 EL Zucker und ⅛ Liter Wasser in 4 Minuten bissfest dünsten. Abtropfen lassen und auf dem Kuchenboden verteilen. Die Eigelbe zusammen mit dem restlichen Zucker schaumig rühren, Grieß, Zimt und saure Sahne dazugeben. 4 Eiweiße steif schlagen, unter die Eimasse ziehen und diese auf dem Rhabarber verteilen. Im Backofen etwa 40 Minuten backen. Das restliche Eiweiß steif schlagen, dabei Puderzucker, Haselnüsse und Nelken einrieseln lassen. Alles in einen Spritzbeutel füllen. Nach 30 Minuten Backzeit den Kuchen vollständig mit Baisertupfen bedecken und in 10 Minuten fertig backen.

Blaubeerkuchen

30 g Hefe · 300 ml lauwarme Milch · 80 g Zucker · 1 Pck. Vanillezucker · 100 g Butter · 500 g Mehl · Salz · 1 EL Öl · 1 EL Magerquark · 1 Ei · Butter für das Blech · Für den Belag: *5 EL Semmelbrösel · 1 ½ kg Blaubeeren* · Für den Guss: *½ l Milch · 3 EL Butter oder Margarine · 125 g Zucker · 1 Pck. Vanillezucker · 70 g Grieß · 4 Eiweiß · 3 Eigelb* · Zum Bestreichen: *1 Eigelb · 1–2 EL Dosenmilch*

Aus Hefe, Milch, Zucker, Vanillezucker, Butter, Mehl, 1 Prise Salz, Öl, Quark und dem Ei einen Hefeteig herstellen, wie in der Arbeitsanleitung für den Hefezopf (Seite 25) beschrieben. Ein Backblech mit Butter einfetten und darauf den aufgegegangenen Teig ausrollen. Die Semmelbrösel darüber streuen und die Blaubeeren darauf verteilen.

Für den Guss Milch, Butter, Zucker und Vanillezucker zum Kochen bringen und den Grieß unter Rühren einrieseln lassen. Die Eiweiße steif schlagen. Die Eigelbe und den Eischnee unter den Grieß ziehen.

Den Backofen auf 200 °C vorheizen. Den Guss über die Blaubeeren geben. Das Eigelb mit der Dosenmilch verquirlen und auf die Blaubeeren streichen. Den Kuchen nochmals einige Minuten gehen lassen, danach im Backofen auf der untersten Einschubleiste 40 bis 50 Minuten backen.

Tipp: Statt der Blaubeeren können auch Johannisbeeren oder Brombeeren genommen werden.

Stachelbeerkuchen

Für den Teig: *250 g Mehl · 125 g kühle Butter · 80 g Zucker · 1 Msp. Backpulver · Salz · 2 Eigelb · abgeriebene Schale von ½ ungespritzten Zitrone* · Für die Creme: *1 Dose Stachelbeeren im Saft · 1 EL Speisestärke · 1 Eigelb · 75 g Zucker · 1 Pck. Vanillezucker ·* Für den Belag: *3 Eiweiß · 150 g Zucker*

Für den Mürbeteig das Mehl auf eine Arbeitsfläche sieben. In die Mitte eine Vertiefung drücken und in diese die Butter Stück für Stück geben. Zucker, Backpulver und Salz darüber streuen. Das Ganze mit den Händen etwas zusammenschieben und mit einem großen Messer die Butter-Zucker-Mischung rasch durchhacken, bis Streusel entstehen.

In die Mitte der Masse eine Vertiefung drücken und in diese die Eigelbe und die Zitronenschale hineingeben. Mit kühlen Händen die Mischung zu einem glatten Teig verarbeiten, diesen zu einer Kugel formen, flach drücken, in Alufolie wickeln und etwa 1 Stunde in den Kühlschrank stellen.

Die Stachelbeeren auf ein Sieb geben und abtropfen lassen, dabei den Saft (etwa ¼ Liter) auffangen. Die Stachelbeeren für den Belag aufheben. Speisestärke, Eigelb, Zucker und Vanillezucker mit etwas Saft verrühren. Den restlichen Saft zum Kochen bringen, die angerührten Zutaten dazutun und zu einer Creme eindicken lassen.

Den Backofen auf 200 °C vorheizen. Den Mürbeteig aus der Folie nehmen, auf einer Arbeitsfläche ausrollen und in eine Springform (26 cm Ø) oder in eine kunststoffbeschichtete Kastenform füllen. Den Kuchen im Backofen auf der untersten Einschubleiste 20 Minuten backen.

Den Kuchen herausnehmen, die Creme darauf streichen und die Stachelbeeren hineindrücken. Die Eiweiße zusammen mit dem Zucker sehr steif schlagen und auf dem Kuchen verteilen. Zum Schluss den Kuchen nochmals im Backofen bei geringer Hitze leicht überbräunen.

Cremetorte

4 Eier · 200 g Zucker · 1 Pck. Vanillezucker · 1 TL Rum · 100 g Mehl · 100 g Speisestärke · 1½ TL Backpulver · Für die Creme: *100 g Zucker · 50 g Speisestärke · 2 Eigelb · 2 TL Rum · 2 EL Eierlikör · 2 EL Orangensaft · 1 Eiweiß* · Für den Guss: *100 g Puderzucker · Rum und Orangensaft* · Zum Verzieren: *1 EL Orangeat, gewürfelt*

Die Eier in 4 EL lauwarmem Wasser schaumig schlagen. Zucker und Vanillezucker in kleinen Mengen einstreuen und so lange weiterschlagen, bis er sich gänzlich gelöst hat. Den Rum hinzufügen. Mehl, Speisestärke und Backpulver mischen und vorsichtig unter den Teig heben.

Den Backofen auf 200 °C vorheizen. Eine Springform (26 cm Ø) am Boden mit Backpapier auslegen. Den Teig hineinfüllen und den Biskuit im Backofen auf der untersten Einschubleiste (Rostkrümmung nach oben) 45 bis 50 Minuten backen. Den ausgekühlten Biskuitboden zweimal durchschneiden.

Für die Creme 350 ml Wasser zusammen mit dem Zucker zum Kochen bringen. Die Speisestärke in etwas kaltem Wasser anrühren und diese zum Binden in das heiße Zuckerwasser geben. Die Eigelbe mit etwas heißer Masse verrühren und dann unterrühren. Die Creme mit Rum, Eierlikör und Orangensaft abschmecken. Das Eiweiß sehr steif schlagen und unter die heiße Masse heben.

Die Torte mit der abgekühlten Creme füllen. Für den Guss Puderzucker, Rum und Orangensaft glatt rühren. Den Guss auf die Oberfläche der Torte auftragen. Vor dem Servieren das gewürfelte Orangeat dekorativ auf die Torte streuen.

Biskuitroulade mit Früchtecreme

Für den Teig: *4 Eiweiß · Salz · 4 Eigelb · 150 g Zucker · 1 Pck. Vanillezucker · 3 EL Speisestärke · 80 g Mehl · 1 TL Backpulver ·* Für die Füllung: *6 Blätter weiße Gelatine · 500 g Vollmilchjoghurt · Saft und abgeriebene Schale von 1 unbehandelten Zitrone · 3 EL Zucker · 125 g süße Sahne · 100 g rote Johannisbeeren · 100 g Kapstachelbeeren (Physalis)* · Außerdem: *Zucker für das Tuch · Puderzucker zum Bestäuben*

Den Backofen auf 180 °C vorheizen. Die Eiweiße zusammen mit 1 Prise Salz steif schlagen. Die Eigelbe mit Zucker, Vanillezucker und 4 EL Wasser etwa 2 Minuten cremig schlagen, bis eine weißliche, luftige Masse entsteht. Den Eischnee auf die Eigelbmasse geben. Speisestärke, Mehl und Backpulver vermischen, darüber sieben und vorsichtig unterheben. Ein Backblech mit Backpapier belegen, den Teig gleichmäßig darauf verstreichen und etwa 15 Minuten backen.

Inzwischen für die Füllung die Gelatine einweichen. Joghurt, Zitronensaft und Zitronenschale sowie Zucker verrühren. Gelatine erhitzen, auflösen, unter die Joghurtmasse ziehen und diese ins Gefrierfach stellen. Die süße Sahne steif schlagen. Die Johannisbeeren waschen und von den Rispen streifen. Die Kapstachelbeeren aus den Hüllen lösen und klein schneiden.

Ein Küchentuch mit Zucker bestreuen. Den Biskuitteig aus dem Ofen nehmen, auf das Tuch stürzen, das Backpapier befeuchten und abziehen; kurz abkühlen lassen. Die geschlagene Sahne unter die Joghurtmasse ziehen und die Roulade damit bestreichen. Johannisbeeren und Kapstachelbeeren auf der Creme verteilen.

Die Roulade mit Hilfe des Tuches aufrollen und für etwa 1 Stunde kühl stellen. Vor dem Servieren mit Puderzucker bestäuben.

Leckere Obsttorten

Birnentorte mit Vanillecreme

Für 12 Stücke
Für den Mürbeteig: *200 g Mehl (z.B. GOLDPUDER Back-Mehl) · 100 g Butter · 7 EL Puderzucker · 1 Eigelb · Salz · Butter für die Form* · Für die Nusscreme: *1 Pck. Nussfüllung (250 g; z.B. GOLDPUDER) · 7 EL Milch · 2 EL Birnengeist · 1 kg reife Birnen* · Für den Guss: *50 g Marzipanrohmasse · 2 Eier · 100 g süße Sahne · 3 EL Zucker*

Das Mehl, die Butter, den Puderzucker und das Eigelb zusammen mit 1 EL Wasser und 1 Prise Salz zu einem Mürbeteig verkneten. Den Teig etwas größer als eine Tarteform (etwa 25 cm Ø) ausrollen und die mit Butter eingefettete Form damit auslegen.

Die Nussfüllung mit der Milch nach Packungsanweisung zubereiten, mit Birnengeist verfeinern und auf dem Mürbeteig verstreichen. Die Birnen schälen, halbieren, entkernen und mit der Schnittfläche nach unten auf der Nussfüllung verteilen. Den Backofen auf 190 °C vorheizen.

Die Marzipanrohmasse mit 1 Ei cremig rühren, dann erst das zweite Ei einarbeiten und die Sahne sowie den Zucker unterrühren. Das Ganze über die Torte gießen und etwa 40 bis 45 Minuten goldbraun backen.

Apfeltorte

Für den Teig: *250 g Mehl · 125 g kaltes Butterschmalz · 80 g Zucker · Salz · 1 Ei ·* Für die Füllung: *1 kg säuerliche Äpfel (z.B. Boskop) · 1–2 TL Zitronensaft · 2 Pck. Vanille-Puddingpulver · ¾ l Apfelwein · 280–330 g Zucker · 150 g Marzipanrohmasse · 5 EL Puderzucker ·* Für den Guss: *3 EL Puderzucker · 2–3 EL Zitronensaft*

Das Mehl mit Butterschmalzflöckchen, dem Zucker, 1 Msp. Salz und dem Ei zu einem glatten Teig verkneten. In Folie wickeln und 1 Stunde kühl stellen.

Die Äpfel schälen, vierteln und die Kerngehäuse entfernen. Die Apfelstücke würfeln und mit Zitronensaft beträufeln. Das Puddingpulver mit dem Apfelwein nach Packungsanleitung anrühren und mit dem Zucker im restlichen Apfelwein aufkochen. Je nach Geschmack eventuell noch etwas nachsüßen.

Den Backofen auf 175 °C vorheizen. Den Boden einer Springform mit Backpapier auslegen, den Teig auf einer bemehlten Arbeitsfläche ausrollen, die Form damit auskleiden und einen etwa 3 cm hohen Rand andrücken. Etwa 15 Minuten vorbacken (blindbacken).

Die gewürfelten Äpfel mit der Puddingmasse verrühren und auf den Teig geben. Die Torte auf der mittleren Einschubleiste etwa 40 Minuten backen. Die Marzipanrohmasse mit dem Puderzucker verkneten, ausrollen, in etwa 1 cm breite Streifen schneiden und gitterförmig über den Kuchen legen . Das Ganze weitere 15 Minuten backen; den Kuchen in der Form erkalten lassen.

Aus dem Puderzucker und dem Zitronensaft einen Guss anrühren und das Marzipangitter damit bestreichen.

Apfeltarte

Für 12 Stücke
Für den Teig: *250 g Mehl · 1 Msp. Backpulver · 1 Ei · 70 g Zucker · 150 g Butter* · Für den Belag: *800 g Äpfel · 1 unbehandelte Zitrone · 3 Eier · Mehl für die Arbeitsfläche · 300 g Sahnefrischkäse (z.B. Almette „Sahne") · 100 ml Milch · 2 EL flüssiger Honig · 1 Pck. Vanillezucker · 50 g Mandeln, gehobelt · 3–4 EL Ahornsirup*

Das Mehl zusammen mit dem Backpulver in einer Schüssel mischen, in die Mitte das Ei geben, den Zucker hinzufügen und das Ganze mit einer Gabel leicht verrühren. Das restliche Mehl dabei untermischen. Die Butter in Stücken dazugeben und die Zutaten rasch zu einem glatten Teig verkneten. Den Teig zu einer Kugel formen und 30 Minuten im Kühlschrank ruhen lassen.

Die Äpfel waschen, schälen, vierteln, die Kerngehäuse herausschneiden und die Äpfel in Spalten schneiden. Die Zitrone heiß abwaschen, trocknen und die Schale abreiben. Die Frucht halbieren, eine Hälfte auspressen und den Saft über die Apfelspalten träufeln.

Mehl auf eine Arbeitsfläche streuen und den Teig darauf zu einem Fladen von etwa 30 cm Ø ausrollen. Den Teig auf den Boden einer Springform (28 cm Ø) legen, den überstehenden Rand abschneiden, die Form schließen und aus dem Teigrest eine Rolle formen. Als Rand um den Teigboden legen und an die Form drücken. Den Backofen auf 200 °C vorheizen.

Die Apfelspalten auf dem Teigboden verteilen. Die Eier in ein Rührgefäß schlagen und mit dem Quirlhaken eines elektrischen Handrührgeräts schaumig schlagen. Den Frischkäse und die Milch unterrühren, dann die abgeriebene Zitronenschale, den Honig und den Vanillezucker ebenfalls unterrühren. Die Masse über die Äpfel gießen und die Mandelblättchen darauf verteilen..

Den Kuchen im Backofen auf der mittleren Einschubleiste 45 bis 50 Minuten backen; abkühlen lassen und vor dem Servieren mit Ahornsirup beträufeln.

Erdbeer-Pistazien-Torte

750 g Zwieback · 80 g zerlassene Butter · 5 EL Zucker · 1 Eiweiß · Fett für die Form · Für den Belag: *6 Blätter weiße Gelatine · 6 EL Butter · 100 g Zucker · 2 Eigelb · 150 g süße Sahne · 500 g Mascarpone (Frischkäse) · 3 EL Zitronensaft · 1 Btl. Citro-back (z.B. von Schwartau) ·* Zum Verzieren: *5 EL gehackte Pistazien · 250 g Erdbeeren, halbiert · Puderzucker zum Bestäuben*

Den Zwieback fein zermahlen. Zusammen mit Butter, Zucker und Eiweiß zu einem krümeligen Teig verkneten. Eine Springform (22 cm Ø) ausfetten und den Boden mit Backpapier auskleiden. Den Teig auf den Boden geben und gut festdrücken. Die Gelatine in Wasser einweichen. Butter und Zucker schaumig rühren. Eigelbe, Sahne sowie Mascarpone hinzufügen und die Masse kräftig aufschlagen. Mit Zitronensaft und Citro-back abschmecken.

Die Gelatine erhitzen, auflösen und schnell unter die Creme rühren. Die Creme in die Springform füllen, glatt streichen und 5 Stunden im Kühlschrank fest werden lassen. Die Torte aus der Form lösen, das Backpapier abziehen und die Torte auf eine Platte setzen. Den Rand dick mit Pistazien bestreuen, in die Tortenmitte Erdbeerhälften legen und zum Schluss die Torte mit Puderzucker bestäuben.

Erdbeer-Rhabarber-Herz

Für 6 bis 8 Stücke

Für den Teig: *125 g Butterschmalz (z.B. Butaris) · 100 g Zucker · 2 Pck. Vanillezucker · 1 Prise Salz · 5 Tropfen Bittermandelöl · 3 Eier · 100 g Mehl · 2 TL Backpulver · 4 EL Milch · Butterschmalz und Mehl für die Form* · Außerdem: *250 g Rhabarber · 400 g Erdbeeren · 8 Blatt helle Gelatine · 100 g Zucker · 400 g süße Sahne · Zitronenmelisse zum Garnieren*

Den Backofen auf 175 °C vorheizen. Das weiche Butterschmalz zusammen mit dem Zucker, dem Vanillezucker, 1 Prise Salz und dem Bittermandelaroma schaumig schlagen, die Eier unterrühren und dann das mit Backpulver vermischte Mehl sowie die Milch untermengen.

Den Teig in eine gefettete, leicht bemehlte Herzform füllen und auf der zweituntersten Einschubleiste 5 Minuten backen. Den Kuchen 10 Minuten in der Form ruhen lassen; auf ein Kuchengitter stürzen und auskühlen lassen. Den Rhabarber waschen, putzen und in Stücke schneiden. Die Erdbeeren waschen und putzen.

Die Gelatine in Wasser einweichen, den Rhabarber in 100 ml Wasser 5 bis 8 Minuten dünsten, den Zucker unterrühren und alles pürieren. Die Gelatine ausdrücken und darin auflösen. 250 g Erdbeeren pürieren und darunter mischen. 300 g Sahne steif schlagen; sobald die Creme zu gelieren beginnt, die Sahne unterziehen.

Das Kuchenherz einmal waagerecht durchschneiden, ein Drittel der Creme auf den unteren Boden streichen, den oberen Boden darauf setzen und das Herz mit der restlichen Creme rundherum bestreichen. Das Herz 1 Stunde kalt stellen. Die restliche Sahne steif schlagen und auf die Oberfläche des Kuchens spritzen. Das Herz nach Belieben mit Erdbeeren und Zitronenmelisse garnieren.

Erdbeertorte

Für den Teig: *3 Eiweiß · Salz · 100 g Zucker · 3 Eigelb · 1 Pck. Vanillezucker · 100 g noch flüssige Butter, abgekühlt · 100 g Mehl · ½ TL Backpulver · Butter für die Form* · Für die Creme: *2 EL Erdbeerkonfitüre · je 1 Pck. gemahlene, rote und weiße Gelatine · 450 g Erdbeeren · 100 g Zucker · Saft von ½ Zitrone · 150 g Erdbeerjoghurt · 400 g süße Sahne* · Zum Garnieren: *200 g süße Sahne · 1 Pck. Vanillezucker · 3 Baisers (vom Bäcker) · 7 Erdbeeren, geviertelt · 2–3 EL Kuvertüre, aufgelöst*

Den Backofen auf 180 °C vorheizen. Aus den angegebenen Zutaten einen Biskuitteig zubereiten: Die Eiweiße zusammen mit 1 Prise Salz steif schlagen, dabei ein Drittel der Zuckermenge einrieseln lassen. Eigelbe, 4 EL kaltes Wasser, restlichen Zucker, Vanillezucker und die flüssige Butter schaumig schlagen, bis eine cremige Masse entsteht. Mehl und Backpulver vermischen. Den Eischnee auf die Masse geben und das Mehl darüber sieben. Mit einem Schneebesen Eischnee und Mehl vorsichtig unterheben. Hierfür den Schneebesen von unten nach oben durch den Teig ziehen und sanft wieder herunterfallen lassen. Den Vorgang wiederholen, bis kein Mehl mehr sichtbar ist.

Eine Springform (28 cm Ø) am Boden mit Butter einfetten, den Teig einfüllen und im Backofen 15 bis 20 Minuten backen. Herausnehmen und mit Erdbeerkonfitüre bestreichen. Die Gelatine in Wasser einweichen und quellen lassen. Die Erdbeeren waschen, putzen, vierteln und zusammen mit Zucker und Zitronensaft pürieren. Den Joghurt unterziehen. Die Gelatine bei milder Hitze auflösen und einrühren. Die Sahne steif schlagen und unterheben. Die Masse in eine mit kaltem Wasser ausgespülte, kuppelartige Schüssel füllen und über Nacht im Kühlschrank fest werden lassen.

Die Schüssel kurz in heißes Wasser tauchen und die Masse auf den Tortenboden stürzen. Die süße Sahne zusammen mit Vanillezucker steif schlagen und in einen Spritzbeutel füllen. Die Baisers zerbröckeln und die obere Mitte der Torte mit Sahnerosetten und geviertelten Erdbeeren verzieren. Den unteren Rand mit Sahne einstreichen und mit Baiserstücken belegen. Baisers mit Kuvertüre überziehen. Den unteren Rand der Torte mit Sahnerosetten und Erdbeervierteln garnieren.

Erdbeer-Vanille-Torte

Biskuitteig (Rezept siehe Erdbeertorte, Seite 82) · Butter für die Form ·
2 EL Erdbeermarmelade · 4 Blätter weiße Gelatine · 1 Pck. Vanillepudding ·
½ l Milch · 2 EL Zucker · 250 g süße Sahne · 250 g Erdbeeren, geviertelt ·
Zum Garnieren: *250 g Sahne, geschlagen · 500 g Erdbeeren, halbiert*

Backofen auf 180 °C vorheizen. Einen Biskuitteig nach Rezeptanweisung wie bei der Erdbeertorte auf Seite 82 angegeben zubereiten. Eine Springform (24 cm Ø) mit Butter einfetten, die Biskuitmasse einfüllen und 20 Minuten backen. Herausnehmen und die Torte in drei Böden teilen. Den untersten Tortenboden mit Erdbeermarmelade bestreichen. Die Gelatine in Wasser einweichen. Den Vanillepudding nach Packungsanweisung zusammen mit Milch und Zucker zubereiten. Die Gelatine in den heißen Pudding rühren. Die süße Sahne steif schlagen und zusammen mit den Erdbeeren unterziehen.

Den Tortenboden mit einem Tortenring umschließen und die Hälfte der Creme darauf streichen. Den zweiten Boden darauf setzen, mit restlicher Creme bestreichen und mit dem letztem Boden bedecken. Für etwa 3 Stunden kühl stellen. Den Tortenring lösen, die Torte gleichmäßig mit Sahne bestreichen und mit Erdbeerhälften belegen. Zum Schluss den Tortenguss zubereiten und die Erdbeeren damit bepinseln.

Johannisbeertorte

2 dunkle Wiener Böden (Fertigprodukt vom Bäcker) · 2 EL Cassis (Johannisbeerlikör) · 750 g schwarze Johannisbeeren · 150 g Zucker · 500 g Magerquark · abgeriebene Schale von 1 unbehandelten Zitrone · Mark von 1 Vanilleschote · 2 Eiweiß · Salz · 150 g süße Sahne

Die Wiener Böden jeweils auf die Größe einer Springform (26 cm Ø) zurechtschneiden. Jeden Boden mit 1 EL Cassis beträufeln und einen Boden in die Springform geben. Die Johannisbeeren von den Rispen streifen, waschen und abtropfen lassen. Einige schöne für die Verzierung beiseite legen, die restlichen zusammen mit der Hälfte des Zuckers pürieren.

Den Quark zusammen mit restlichem Zucker, Zitronenschale und Vanilleschotenmark verrühren. Die Eiweiße zusammen mit 1 Prise Salz steif schlagen und unterziehen. Die süße Sahne ebenfalls steif schlagen und unterheben. Zuletzt das Johannisbeerpüree einrühren.

Den unteren Boden mit der Hälfte der Masse bestreichen. Den zweiten Boden darauf legen und die Torte rundherum mit der restlichen Creme bestreichen. Für etwa 3 Stunden kühl stellen und vor dem Servieren mit restlichen Johannisbeeren verzieren.

Aprikosentorte

Für den Mürbeteig: *175 g Mehl · 2 EL Zucker · 100 g Butterschmalz ·*
Für den Biskuitboden: *100 g Butterschmalz · 6 Eier · 250 g Zucker ·*
1 Pck. Citro-Back (Schwartau) · 150 g Mehl · 100 g Speisestärke ·
Für die Füllung: *Mark von 1 Vanilleschote · ¼ l Milch ·*
Saft und abgeriebene Schale von 2 unbehandelten Zitronen ·
12 Blatt weiße Gelatine · 4 Eigelb · 500 g Aprikosen (aus der Dose) ·
600 g süße Sahne · 250 g Speisequark · 450 g Vollmilchjoghurt ·
3 EL Aprikosenkonfitüre · 75 g Pistazien, gehackt ·
1 Pck. Sahnesteif · 1 Pck. weiße Schokoladenblätter

Für den Mürbeteig das Mehl, den Zucker, das kalte Butterschmalz und 2 EL Wasser zu einem glatten Teig verkneten und etwa ½ Stunde im Kühlschrank kalt stellen. Herausnehmen, ausrollen und in eine mit Backpapier ausgelegte Springform (28 cm Ø) legen. Mehrmals mit einer Gabel einstechen. Im vorgeheizten Backofen bei 180 °C auf der mittleren Einschubleiste etwa 20 bis 30 Minuten goldbraun backen; aus der Form lösen.

Für den Biskuitboden das restliche Butterschmalz bei sanfter Hitze schmelzen und lauwarm abkühlen lassen. Eigelbe und Eiweiße trennen; die Eigelbe in einer Metallschüssel mit 250 g Zucker im warmen Wasserbad dickcremig schlagen. Die Schüssel aus dem Wasserbad nehmen, das Citro-Back hinzufügen und die Eiermasse 5 Minuten weiterschlagen. Das restliche Mehl mit der Speisestärke mischen und darüber sieben, lauwarmes Butterschmalz darüber gießen. Das steif geschlagene Eiweiß dazugeben und die Zutaten vorsichtig unter die Eiermasse heben.

Die Teigmasse in die mit frischem Backpapier ausgelegte Springform füllen und im vorgeheizten Backofen bei 180 °C etwa 30 bis 40 Minuten goldbraun backen. Den

Biskuitboden aus der Form lösen und gut auskühlen lassen. Den völlig erkalteten Boden mit einem großen Messer oder einem Zwirnsfaden in drei Platten teilen.

Für die Füllung die Milch, 200 g Zucker, das Vanillemark, den Zitronensaft und die Zitronenschale unter Rühren langsam (wichtig, da sonst die Milch gerinnt) aufkochen; etwas abkühlen lassen. Die eingeweichte Gelatine mit der warmen Milch auflösen, und dann die 4 Eigelbe nacheinander mit dem Schneebesen in die Milch schlagen. Die Füllmasse kalt stellen, bis sie zu gelieren beginnt.

Die eine Hälfte der abgetropften Aprikosen in Würfel, die andere in Scheiben schneiden. 300 g süße Sahne steif schlagen und mit dem glatt gerührten Speisequark und dem Joghurt unter die gelierende Milchcreme ziehen. Die Masse dritteln. Unter ein Drittel die Aprikosenwürfel geben.

Die Aprikosenkonfitüre erhitzen, Zitronensaft dazugeben und die Konfitüre auf den Mürbeteigboden streichen; eine Platte Biskuitboden darauf legen und leicht andrücken. Einen Metalltortenrand um die beiden Böden legen.

Die Joghurt-Aprikosen-Creme auf dem ersten Biskuitboden gleichmäßig verteilen. Den zweiten Boden darauf legen und leicht andrücken. Das zweite Drittel der Füllung auf dem zweiten Boden verteilen und mit dem dritten Boden bedecken; leicht andrücken. Die restliche Füllung darauf verteilen und gleichmäßig glatt streichen. Anschließend 3 bis 4 Stunden kalt stellen.

Den Metallrand mit einem Messer vorsichtig von der Torte lösen. Von der restlichen süßen Sahne 300 g mit Sahnesteif steif schlagen. Die Torte außen herum dünn mit Sahne bestreichen und mit den gehackten Pistazien bestreuen. Restliche Sahne ebenfalls steif schlagen, in einen Spritzbeutel füllen und Rosetten auf die Torte spritzen. Schokoladenblätter darauf setzen und die Aprikosenscheiben in der Mitte anordnen.

Himbeertorte

Für den Teig: *500 g Mehl · 500 g Butter · 1 TL Salz ·*
Für die Füllung: *200 g Frischkäse · 200 g süße Sahne · 8 EL Zucker · Saft von 1 Zitrone · 4 EL Himbeergeist · 500 g Himbeeren · 4 Blätter weiße Gelatine* · Für die Glasur: *100 g Himbeergelee · 100 g Puderzucker · Saft von 1 Zitrone*

Das Mehl auf eine Arbeitsplatte sieben und ringförmig aufhäufen. Die Butter würfeln, gleichmäßig außen um den Mehlring verteilen und sie mit etwas Mehl bestäuben. 1 Prise Salz über das Mehl streuen und 375 ml eiskaltes Wasser in die Mitte gießen. Mit einer Hand vorsichtig das Wasser mit dem Mehl mischen, bis aus Wasser und Mehl ein zäher Teig entsteht. Danach den Teig rasch und kräftig zusammen mit den Butterwürfeln verkneten und zu einem rechteckigen Block formen; mit einem feuchten Tuch bedecken und für etwa 10 Minuten kühl stellen.

Den Teig mit dem Nudelholz zu einem Rechteck ausrollen und möglichst gleichmäßig zu drei Schichten übereinander klappen. Im Kühlschrank 5 Minuten ruhen lassen; den Vorgang dreimal wiederholen (Ruhezeiten nicht vergessen).

Den Teig portionsweise 3 mm dick zu vier Teigplatten, jeweils etwas größer als eine Springform von 26 cm Ø, ausrollen. Jeden Teigboden auf ein mit Backpapier belegtes Backblech legen. Die Springform jeweils mit dem oberen Rand nach unten darauf setzen und die Böden mit einem spitzen Messer entlang des äußeren Formrandes ausschneiden. Der Teig zieht sich beim Backen etwas zusammen, daher schneidet man ihn etwas größer aus.

Die Böden einzeln auf ein mit Wasser benetztes Blech legen, mit einer Gabel mehrmals einstechen und etwa 20 Minuten ruhen lassen. Inzwischen den Backofen auf 220 °C vorheizen. Die Böden in den Ofen geben und etwa 10 Minuten backen. Für die Füllung Frischkäse, süße Sahne, Zucker, Zitronensaft und Himbeergeist verrühren. Die Himbeeren kurz waschen, verlesen und einige schöne für die Garnitur beiseite legen. Die übrigen vorsichtig unter die Creme heben. Die Gelatine nach Packungsanweisung einweichen, in warmem Wasser auflösen und unter die Creme rühren. Den ersten Tortenboden in eine Springform legen und ein Drittel der Creme darauf verstreichen. Danach den zweiten Boden darauf legen, mit Creme bestreichen, den dritten Boden darauf setzen und darüber die restliche Creme verteilen. Zum Schluss den letzten Boden darauf legen.

Für die Glasur das Himbeergelee zusammen mit dem Puderzucker und dem Zitronensaft gründlich glatt rühren. Die Oberfläche der Torte mit der Glasur bestreichen. Die Torte in der Form für etwa 2 Stunden kühl stellen. Die Springform vorsichtig öffnen und den Ring entfernen. Die Torte mit den restlichen Himbeeren garnieren und gut gekühlt servieren.

Stachelbeertorte

Für 12 Stücke

Für den Teig: *4 Eier · 325 g Zucker · 125 ml Milch · 100 g Butter · 150 g Mehl · 1 TL Backpulver · Butter für die Form · 100 g Mandelblättchen* · Für die Füllung: *1 Glas Stachelbeeren (700 ml; z.B. von Odenwald) · 1 Pck. weißer Tortenguss (12 g) · 1 EL Zucker · 200 g süße Sahne · 1 Pck. Vanillezucker · 1 EL Sahnesteif · 2 EL Puderzucker*

Die Eier trennen, die Eiweiße steif schlagen und 200 g Zucker vorsichtig einrieseln lassen. Die Eigelbe, den restlichen Zucker, die Milch und die Butter schaumig rühren; das Mehl und das Backpulver nach und nach hinzufügen und das Ganze zu einem Teig verarbeiten.

Die Hälfte des Teiges in eine gefettete Springform geben, mit der Hälfte der Eischneemasse bestreichen und mit 50 g Mandeln bestreuen. Im vorgeheizten Backofen bei 200 °C etwa 25 Minuten backen. Anschließend auf die gleiche Weise einen zweiten Boden zubereiten und backen; beide Böden auskühlen lassen.

Die Stachelbeeren abtropfen lassen und dabei den Saft auffangen. Vom Saft etwa ¼ Liter abmessen und diesen mit dem Tortenguss und dem Zucker kurz aufkochen lassen; die Stachelbeeren hinzugeben. Die Stachelbeermischung auf dem ersten Boden verteilen und auskühlen lassen.

Die Sahne mit Vanillezucker und Sahnesteif steif schlagen, auf die Stachelbeermischung geben, den zweiten Boden obenauf legen und mit Puderzucker bestäubt servieren.

Stachelbeer-Baiser-Torte

Für den Teig: *100 g Butter · 5 EL Zucker · 1–2 EL Whiskey · 1 Pck. Vanillezucker · Salz · 4 Eigelb · 150 g Mehl · ½ Pck. Backpulver ·* Für die Baisermasse: *4 Eiweiß · 200 g Zucker · Salz · 100 g Mandelblättchen ·* Für die Füllung: *500 g frische Stachelbeeren · 4 EL Zucker · 1 Pck. klarer Tortenguss (12 g) · 1 Pck. Sahnesteif · 300 g süße Sahne · Puderzucker zum Bestäuben*

Den Backofen auf 170 °C vorheizen. Für den Teig die Butter zusammen mit Zucker, Whiskey, Vanillezucker und 1 Prise Salz schaumig rühren. Die Eigelbe einrühren. Das Mehl mit Backpulver mischen, dazusieben und untermengen. Ein Backblech mit Backpapier belegen und die Hälfte des Teiges als Kreis von 26 cm Ø auf das Papier streichen.

Für die Baisermasse die Eiweiße zusammen mit 1 Prise Salz steif schlagen, dabei den Zucker einrieseln lassen. Die Hälfte der Masse auf dem Teigkreis verteilen und die Hälfte der Mandelblättchen darüber streuen. Das Ganze im Ofen etwa 30 Minuten backen. Die andere Hälfte der beiden Teige ebenso verarbeiten. Die Böden ganz auskühlen lassen.

Die Stachelbeeren waschen, verlesen und mit Zucker bestreuen. Kurz Saft ziehen, dann abtropfen lassen, dabei den Saft auffangen. Die Beeren auf einem Boden verteilen. Den Tortenguss nach Packungsanweisung zusammen mit Stachelbeersaft zubereiten und über die Stachelbeeren geben.

Die süße Sahne zusammen mit Sahnesteif steif schlagen und auf die Beeren streichen. Den zweiten Boden darauf setzen. Alles mit Puderzucker bestäuben und für 1 Stunde kühl stellen.

Quarktorte mit Mandarinen

Für 16 Stücke
Für die Form: *1 TL Butter · 2 EL Semmelbrösel ·*
Für den Teig: *100 g Butter · 100 g Zucker · 2 Eier · 150 g zarte Haferflocken (z.B. von Kölln) · 100 g Mehl · ½ Päckchen Backpulver · 1 Prise Salz ·* Für den Belag: *2 Eier · 150 g Zucker · Saft und abgeriebene Schale von 1 unbehandelten Zitrone · 500 g Magerquark · 2 Pck. gemahlene helle Gelatine · 250 g süße Sahne · 65 g Mandeln, grob gehackt · 50 g Instant-Haferflocken (z.B. von Kölln) · 1 Dose Mandarinenfilets (314 ml, 175 g Abtropfgewicht)*

Den Backofen auf 180 °C vorheizen, eine Springform mit 26 cm Ø mit der Butter einfetten und mit den Semmelbröseln ausstreuen.

Die Butter zusammen mit dem Zucker schaumig rühren, die Eier unterrühren, dann die Haferflocken darunter mischen. Das Mehl zusammen mit dem Backpulver darüber sieben, das Salz dazugeben und das Ganze zu einem cremigen Teig verrühren. In die Form füllen und im Backofen auf der mittleren Einschubleiste etwa 15 Minuten backen. Den fertigen Boden aus der Form nehmen und abkühlen lassen.

Die Eier in eine Schüssel schlagen und mit den Quirlhaken eines elektrischen Handrührgeräts gut verquirlen. Dabei den Zucker einrieseln lassen, und den Saft sowie die abgeriebene Schale der Zitrone untermischen; den Quark gut unterrühren.

Die Gelatine in 4 EL Wasser quellen lassen, im Wasserbad auflösen und unter die Masse rühren. Die Sahne steif schlagen und zusammen mit drei Viertel der Mandeln und den Haferflocken unterheben. Den Tortenboden auf eine Platte setzen, den Springformrand darum legen und die Quarkmasse einfüllen. Glattstreichen und 5 Stunden oder über Nacht an einem kühlen Ort fest werden lassen.

Die Mandarinenfilets abtropfen lassen, die Torte damit garnieren und die restlichen Mandelstückchen darauf verteilen. Dann die Torte mit einem glatten Messer vom Springformrand lösen und den Rand entfernen.

Klassische Festtagstorten

Prinz-Eugen-Torte

*6 Eier · 100 g Butter · 200 g Zucker ·
150 g bittere Blockschokolade · 150 g Mandeln, gemahlen ·
1 EL Rum · 1 EL Weinbrand · Butter für die Form · 250 g schwarze
Johannisbeeren · 250 g süße Sahne · 1 Pck. Vanillezucker ·
5 EL Schokoladenraspel*

Den Backofen auf 175 °C vorheizen. Die Eier trennen, die Eigelbe zusammen mit Butter und 150 g Zucker schaumig rühren. Die Schokolade im Wasserbad schmelzen und zusammen mit Mandeln, Rum und Weinbrand unter die Eimasse rühren. Die Eiweiße steif schlagen und unterziehen. Die Masse in eine gefettete Springform füllen und 35 Minuten backen.

Vom gebackenen Kuchen eine 1 cm dicke Platte mit einem Löffel herausschaben, dabei einen Rand von 3 cm stehen lassen. Die Platte zerbröseln und die Brösel im Backofen bei 100 °C trocknen.

Die Johannisbeeren waschen, von den Rispen streifen und zusammen mit dem restlichen Zucker kurz aufkochen lassen. Abkühlen lassen und auf der Torte verteilen. Die Sahne zusammen mit dem Vanillezucker steif schlagen, die geraspelte Schokolade darunter mischen und auf den Beeren aufhäufen. Vor dem Servieren die Torte mit Kuchenbröseln bestreuen.

Sachertorte

200 g Zartbitterschokolade · 200 g Butter · 200 g Zucker · 1 Pck. Vanillezucker · 5 Eier · 200 g Mehl · 1 ½ TL Backpulver · 100 g Mandeln, gemahlen · 150 g Schokoladenraspeln · 450 g Aprikosenkonfitüre · 200 g Marzipanrohmasse · 4 EL Puderzucker · 200 g Halbbitterkuvertüre

Den Backofen auf 175 °C vorheizen. Die Schokolade im Wasserbad schmelzen und abkühlen lassen. Die Butter zusammen mit Zucker und Vanillezucker schaumig rühren. Die Eier und die Schokolade einrühren. Mehl, Backpulver, Mandeln und Schokoladenraspeln vermischen und löffelweise unter die Eimasse rühren.

Den Teig in eine mit Backpapier ausgelegte Springform (26 cm Ø) füllen, glatt streichen und etwa 1 Stunde backen.

In der Form abkühlen lassen, Form und Backpapier entfernen und die Torte in zwei gleich dicke Böden schneiden. Die Aprikosenkonfitüre durch ein Sieb streichen. Den oberen Tortenboden mit der Schnittfläche nach oben auf ein Kuchengitter legen und mit einem Drittel der Konfitüre bestreichen.

Den unteren Boden darauf setzen und die Torte rundherum mit Konfitüre bestreichen. Die Marzipanrohmasse mit Puderzucker verkneten und zwischen zwei Bögen Backpapier rund ausrollen. Die Marzipanplatte auf die Torte legen und festdrücken.

Die Kuvertüre im Wasserbad schmelzen und von der Mitte aus auf die Tortenoberfläche gießen. Mit einem Pfannenmesser verstreichen und etwa 30 Minuten antrocknen lassen.

Schokoladencremetorte

Für 12 Stücke
Für den Boden: *100 g Butter · 1 EL Vanillezucker · 4 Eier · Salz · 100 g Kuvertüre Zartbitter (z.B. von Lindt) · 100 g Zucker · 100 g Mehl · 1 TL Backpulver · 1 TL Lebkuchengewürz · 50 g Mandeln, gehackt · 3 EL Schokoladen-Kirsch-Likör* · Für die Creme: *200 g Dessertschokolade Edelbitter (z.B. von Lindt) · 3 Eier · 1 Pck. Sahnesteif · 500 g süße Sahne ·*
Für die Dekoration: *200 g Kuvertüre Zimt & Koriander (z.B. von Lindt) · 50 g Kuvertüre Zartbitter*

Für den Boden die Butter und den Vanillezucker schaumig rühren. Die Eier trennen, die Eigelbe, 1 Prise Salz sowie 3 EL Wasser nach und nach dazugeben und alles verrühren. Die Kuvertüre nach Packungsanweisung schmelzen und unterziehen.

Die Eiweiße mit Zucker steif schlagen. Mehl, Backpulver und Lebkuchengewürz mischen, sieben und mit dem Eischnee und den Mandeln unter die Kuvertüre-Ei-Masse heben. Den Teig in eine mit Backpapier ausgelegte Springform (26 cm Ø) füllen, die Oberfläche glatt streichen und im vorgeheizten Backofen bei 180 °C etwa 40 Minuten backen; auskühlen lassen. Den Boden dreimal durchschneiden und jeweils mit Schokoladen-Kirsch-Likör beträufeln.

Die Dessertschokolade nach Packungsanweisung schmelzen. Die Eier im warmen Wasserbad schaumig schlagen, die geschmolzene Schokolade unterziehen und die Masse abkühlen lassen.

Süße Sahne mit Sahnesteif steif schlagen und vorsichtig unter die Schokoladencreme ziehen. Den ersten Tortenboden mit der Hälfte der Creme bestreichen, den zweiten Boden darauf legen und etwas andrücken. Die restliche Creme darauf verteilen und mit dem letzten Boden abdecken.

Die Kuvertüren separat schmelzen, den Rand und die Oberfläche der Torte mit der Zimt-Koriander-Kuvertüre bestreichen, mit der Zartbitter-Kuvertüre die Oberfläche netzförmig verzieren und die Torte etwa 90 Minuten kühl stellen.

Schwarzwälder Kirschtorte

Für den Mürbeteig: *125 g Mehl · 1 Msp. Backpulver · 60 g Zucker · 1 EL Kirschwasser · 75 g zimmerwarme Butter · Butter für die Form ·* Für den Biskuitteig: *4 Eier · 100 g Zucker · 75 g Mehl · 3 EL Speisestärke · 1 EL Kakaopulver · ½ TL Backpulver ·* Außerdem: *3 EL Johannisbeergelee · 1 EL Kirschwasser · 100 g Marzipanrohmasse · 50 g Puderzucker ·* Für die Füllung: *750 g Sauerkirschen ohne Kern (aus dem Glas) · 3 EL Speisestärke · 3–5 EL Zucker · 1 EL Kirschwasser · 500 g süße Sahne · 50 g Puderzucker · 1 Pck. Vanillezucker · 2 Pck. Sahnesteif ·* Zum Verzieren: *rote Belegkirschen (Fertigprodukt) · Schokoladenraspeln*

Alle Zutaten für den Mürbeteig in eine Schüssel geben und rasch zu einem glatten Teig verarbeiten. In Alufolie wickeln und für 30 Minuten kühl stellen. Den Backofen auf 200 °C vorheizen und eine Springform (28 cm Ø) am Boden mit Butter einfetten. Den Teig darauf ausrollen, mit einer Gabel mehrmals einstechen und etwa 15 Minuten backen.

Für den Biskuitteig die Eier zusammen mit 4 EL Wasser schaumig schlagen. Dabei den Zucker einrieseln lassen und die Masse so lange rühren, bis sie eine cremige Konsistenz hat. Mehl, Speisestärke, Kakao- sowie Backpulver mischen, dazusieben und mit dem Schneebesen locker unterheben. Die Masse in eine am Boden mit Backpapier belegte Springform (28 cm Ø) füllen, glatt streichen und bei 175 °C etwa 30 Minuten backen. Danach aus der Form lösen und abkühlen lassen. Den Tortenboden in zwei Böden teilen.

Das Johannisbeergelee mit Kirschwasser glatt rühren und den Mürbeteigboden damit bestreichen. Die Marzipanrohmasse mit Puderzucker verkneten, zwischen zwei Bögen Pergamentpapier in Kuchengröße ausrollen, auf das Gelee legen und leicht andrücken. Den ersten Biskuitboden auf das Marzipan legen.

Die Sauerkirschen abtropfen lassen, dabei den Saft auffangen. Den Saft zusammen mit der Speisestärke aufkochen lassen, Zucker sowie Kirschwasser einrühren und die Masse abkühlen lassen. Auf den Biskuitboden streichen, den zweiten Boden darauf legen und leicht andrücken.

Die süße Sahne mit Puderzucker und Sahnesteif steif schlagen. Die Hälfte davon auf den zweiten Boden streichen und den dritten Boden auflegen. Die Torte rundherum mit Sahne bestreichen, einen kleinen Rest für die Verzierung zurückbehalten. Den Tortenrand mit Schokoladenraspeln bestreuen und die Tortenoberfläche mit Sahnetupfern, Belegkirschen und Schokoladenraspeln verzieren.

Mokkatorte

4 Eier · 200 g Zucker · 700 g Mehl · 100 g Speisestärke · 2 TL Backpulver · 5 EL Whisky (ersatzweise Weinbrand) · 4 Blätter weiße Gelatine · 500 g süße Sahne · 1 Pck. Sahnesteif · 5 TL löslicher Kaffee · Kaffeebohnen zum Verzieren

Den Backofen auf 200 °C vorheizen. Die Eier zusammen mit 4 EL Wasser schaumig schlagen. Dabei 150 g Zucker einrieseln lassen und die Masse so lange rühren, bis sie eine cremige Konsistenz hat. Mehl, Speisestärke und Backpulver mischen, dazusieben und mit dem Schneebesen locker unterheben.

Die Masse in eine am Boden mit Backpapier belegte Springform (26 cm Ø) füllen, glatt streichen und etwa 45 Minuten backen. Aus der Form lösen und abkühlen lassen.

Den Whisky mit 4 EL Zucker verrühren. Die Gelatine in Wasser einweichen, ausdrücken, erhitzen und auflösen. Unter die Whiskyflüssigkeit rühren und kühl stellen. Die Hälfte der Sahne steif schlagen. Sobald die Whiskyflüssigkeit zu gelieren beginnt die Sahne unterziehen. Den Tortenboden in drei Böden teilen. Den untersten Boden mit der Whiskysahne bestreichen und den zweiten Boden darauf setzen.

Die restliche Sahne zusammen mit Sahnesteif, restlichem Zucker und 2 TL löslichem Kaffee steif schlagen. Ein Drittel der Kaffeesahne auf den zweiten Boden streichen und den letzen Boden obenauf legen. Etwas Kaffeesahne zum Verzieren in einen Spritzbeutel füllen. Die Torte mit der restlichen Kaffeesahne rundherum bestreichen und mit Sahnetupfern, restlichem Kaffeepulver und Kaffeebohnen verzieren.

Muttertagstorte

3 dunkle Wiener Biskuitböden (Fertigprodukt) · 225 g Himbeerkonfitüre · 200 g süße Sahne · 1 Pck. Sahnesteif · 1 Pck. Vanillezucker · 3 EL weiße Schokolade, gerieben · 500 g Erdbeeren · Zum Verzieren: *rosa und grüne Marzipanmodelliermasse · Puderzucker zum Bestäuben · Zuckerherzen*

Die Böden nebeneinander auf Backpapier legen. Die Konfitüre durch ein Sieb in einen Topf streichen und unter Rühren aufkochen lassen. Eventuell etwas Wasser hinzufügen. Die Tortenböden gleichmäßig mit heißer Konfitüre bestreichen.

Die süße Sahne zusammen mit Sahnesteif und Vanillezucker steif schlagen. Weiße Schokolade locker unterziehen. Die Masse in einen Spritzbeutel füllen und auf zwei der Böden einen dicken Rand spritzen. Die Innenfläche der Böden gitterförmig mit der restlichen Sahne bedecken, dabei etwa 3 EL Sahne für die Verzierung zurückbehalten.

Erdbeeren waschen, putzen, halbieren und die Früchte in die Lücken der Gitter setzen. Belegte Böden übereinander setzen, den dritten Boden auflegen und die Torte für etwa 2 Stunden kühl stellen.

Aus der Marzipanmodelliermasse mit Ausstechförmchen Herzen in unterschiedlicher Größe ausstechen. Die Torte mit Puderzucker bestäuben und mit Marzipanherzen verzieren. Mit der restlichen Sahne die Torte beschriften und dekorieren.

Muttertagsherzen

Für 1 großes und 3 kleine Herzen
Für den Teig: *8 Eier · 200 g Zucker · 2 Pck. Vanillezucker · Saft von ½ Zitrone · 200 g Mehl · ½ Pck. Backpulver · 2 EL Speisestärke ·*
Für die Füllung: *500 g Erdbeeren · 250 g Sahnefrischkäse (z.B. von Rotkäppchen) · 250 g Vollmilchjoghurt · 7 EL Zucker · 2 EL Pfirsichsirup oder Pfirsichlikör · 500 g süße Sahne · 8 Blatt helle Gelatine · 2 Pfirsiche · 100 g Pistazien*

Die Eier trennen; die Eigelbe und die Eiweiße in jeweils eine Rührschüssel geben und die Eiweiße im Kühlschrank kalt stellen. Die Eigelbe mit den Quirlhaken eines elektrischen Handrührgeräts schaumig schlagen; die Hälfte des Zuckers und den Vanillezucker sowie 1 EL Zitronensaft unter stetem Rühren dazugeben; so lange rühren, bis sich die Zuckerkristalle aufgelöst haben und die Creme hell und dicklich ist.

Die Quirlhaken sorgfältig abspülen und abtrocknen, dann die Eiweiße damit steif schlagen; den restlichen Zucker und den restlichen Zitronensaft unter Rühren dazugeben und die Masse ebenfalls so lange rühren, bis der Zucker gelöst ist und eine steife Creme entstanden ist. Zwei Springformen mit jeweils 26 cm Ø mit Backpapier auslegen und schließen. Den Backofen auf 180 °C vorheizen.

Den Eischnee mit einem Schneebesen gleichmäßig unter die Eigelbcreme ziehen. Das Mehl mit dem Backpulver und der Stärke vermischen und durch ein feines Sieb auf die Schaummasse geben. Die Mischung mit dem Schneebesen möglichst gleichmäßig unter die Schaummasse heben, dann den Teig sofort in die Formen füllen und das Ganze im Backofen auf der zweiten Einschubleiste von unten etwa 35 bis 40 Minuten backen.

Den Backofen erst kurz vor Backende öffnen und mit einem Holzstäbchen eine Garprobe machen. Wenn beim Einstechen in die Mitte des Kuchens kein Teig am Hölzchen kleben bleibt, ist der Kuchen fertig. Ansonsten das Ganze noch weitere 5 bis 7 Minuten backen.

Die fertigen Böden herausnehmen, mit einem glatten Messer jeweils vom Springformrand lösen und auf ein Kuchengitter stürzen. Die Springformböden abnehmen und das Papier vorsichtig von den Kuchenböden abziehen; die Böden abkühlen lassen.

Die Kuchenböden in der Mitte quer durchschneiden, sodass vier Böden entstehen. Aus zwei Böden jeweils 1 großes Herz, aus den anderen beiden jeweils 3 kleinere ausschneiden.

Die Erdbeeren waschen, putzen, einige schöne Beeren zum Garnieren beiseite legen, die anderen fein pürieren. Den Frischkäse, den Joghurt und die Hälfte des Zuckers sowie den Sirup bzw. Likör unter die Erdbeeren mischen. Die Sahne steif schlagen, dabei den restlichen Zucker einrieseln lassen. Die Hälfte der Sahne unter die Erdbeer-Frischkäse-Masse heben, den Rest kalt stellen.

Die Gelatine nach Packungsanweisung einweichen, ausdrücken und im heißen Wasserbad auflösen; rasch und gleichmäßig unter die Erdbeermasse rühren. Die restliche Sahne unterheben und etwa die Hälfte der Masse auf die unteren Böden der Herzen verteilen. Die passenden oberen Böden darauf setzen, leicht andrücken und die Oberfläche sowie den Rand mit der restlichen Masse bestreichen. Die Herzen etwa 3 Stunden (besser über Nacht) kalt stellen.

Die Pfirsiche waschen, trockentupfen, halbieren und jeweils den Stein entfernen. Das Fruchtfleisch in sehr dünne Spalten schneiden. Die zurückbehaltenen Erdbeeren in Scheiben schneiden und die Pistazien grob hacken. Die Herzen mit den Früchten garnieren und mit den Pistazien bestreuen.

Limetten-Biskuittorte

Für 12 Stücke
Für den Biskuitboden: *4 Eigelb · 2 EL Vanillezucker · 150 g Zucker · 4 Eiweiß · 160 g Mehl (z.B. Back-Mehl von GOLDPUDER) · 3 TL Backpulver · 5 EL Haselnüsse, gemahlen · 150 g Limettenmarmelade ·*
Für die Creme: *Saft und abgeriebene Schale von 2–3 unbehandelten Limetten · 750 g Joghurt · 100 g Zucker · 3 EL trockener Weißwein · 3 Eiweiß · 200 g süße Sahne · 9 Blatt weiße Gelatine ·*
Für die Dekoration: *400 g süße Sahne · 2 unbehandelte Limetten*

Die Eigelbe mit Vanillezucker und Zucker schaumig schlagen. Die Eiweiße steif schlagen. Mehl und Backpulver auf die Eigelbmasse sieben, den Eischnee hinzufügen und alles zusammen mit den Haselnüssen unterziehen. Den Teig in eine mit Backpapier ausgelegte Springform (26 cm Ø) füllen, die Oberfläche glatt streichen und im vorgeheizten Backofen bei 180 °C etwa 40 Minuten backen; auskühlen lassen. Den Boden zweimal durchschneiden und die beiden unteren Böden mit der Limettenmarmelade bestreichen. Limettenschale und -saft mit dem Joghurt, dem Zucker und dem Weißwein verrühren. Die Eiweiße und die Sahne getrennt voneinander steif schlagen.

Die Gelatine nach Packungsanweisung einweichen, ausdrücken, auflösen und mit der Sahne und dem Eiweiß unter die Joghurtcreme ziehen. Um den untersten Tortenboden einen Tortenring legen, mit der Hälfte der Creme bestreichen, den zweiten Boden darauf legen und etwas andrücken. Die restliche Creme darauf verteilen, mit dem letzten Boden abdecken und die Torte etwa 2 Stunden kalt stellen. Die Sahne steif schlagen, die Limetten in dünne Scheiben schneiden und halbieren. Die Oberfläche und die Seiten der Torte mit zwei Dritteln der Sahne bestreichen. Mit der restlichen Sahne und den Limettenscheiben verzieren.

Blumenkorbtorte

Für den Tortenboden: *130 g Butterschmalz · 100 g Zucker · 1 EL Milch · 3 Eier · 225 g Mehl · 1 ½ TL Backpulver · 1 Pck. Citro-back (Schwartau) ·* Für den Korb: *65 g Butterschmalz · 50 g Zucker · ½ l Milch · 110 g Mehl · 1 Ei · ½ TL Backpulver ·* Außerdem: *Butter für die Form und für das Blech · 6 Blätter weiße Gelatine · 500 g süße Sahne · 50 g Pistazien, gehackt · 350 g Puderzucker · 1 Pck. Vanillezucker · 7 EL Pfefferminzlikör · 1 Pck. grüne Speisefarbe · Zuckerblümchen · Schoko-Dekor-Blätter*

Den Backofen auf 180 °C vorheizen. Die Zutaten für den Tortenboden verrühren, in eine mit Butter gefettete Springform (26 cm Ø) füllen und etwa 50 Minuten backen. Aus der Form lösen, abkühlen lassen und in zwei Böden teilen. Die Zutaten für den Korb ebenfalls verrühren, auf ein gefettetes Blech streichen und bei 180 °C etwa 25 Minuten backen. Das Blech stürzen, den Teig abkühlen lassen und mit Hilfe einer vorgeschnittenen Pappschablone einen Korb ausschneiden.

Die Gelatine einweichen. Die Sahne steif schlagen, dabei 4 EL Puderzucker einrieseln lassen. Pistazien, Vanillezucker und 4 EL Pfefferminzlikör unter die Sahne ziehen. Die Gelatine ausdrücken, erhitzen, auflösen und unterrühren. Die Sahnefüllung auf den unteren Boden streichen und den zweiten Boden darauf setzen.

Etwa 200 g Puderzucker mit dem restlichen Pfefferminzlikör und 1 EL heißem Wasser glatt rühren. Die Torte mit der Glasur überziehen und diese trocknen lassen. Den Korb ebenfalls mit Glasur überziehen und auf die Torte setzen.

Die Speisefarbe mit restlichem Puderzucker und 2 EL heißem Wasser verrühren. Die Masse in einen Spritzbeutel füllen und die Torte damit beschriften. Den Korb mit Zuckerblümchen und Schoko-Dekor-Blättern verzieren.

Pikantes Gebäck

Käse-Schinken-Waffeln

Für 8 Waffeln

100 g Butter · 200 g gekochter Schinken · 300 g Instant-Haferflocken (z.B. von Kölln) · 300 ml Milch · 6 Eier · 1 TL Backpulver · Salz · 125 g Emmentaler, gerieben · Sonnenblumen- oder Sojaöl für das Waffeleisen

Die Butter in einer Pfanne erhitzen, den Schinken fein würfeln und darin anbraten; abkühlen lassen. Die Haferflocken in eine Rührschüssel geben, die Milch, die Eier, das Backpulver und 1 Msp. Salz darunter quirlen, die Schinken-Butter-Mischung unterrühren und zuletzt den Käse unterheben. Ein Waffeleisen aufheizen, mit Öl einstreichen und aus dem Teig nacheinander knusprige Waffeln ausbacken. Die Waffeln sofort servieren oder im vorgeheizten Backofen bei 50 °C warm halten.

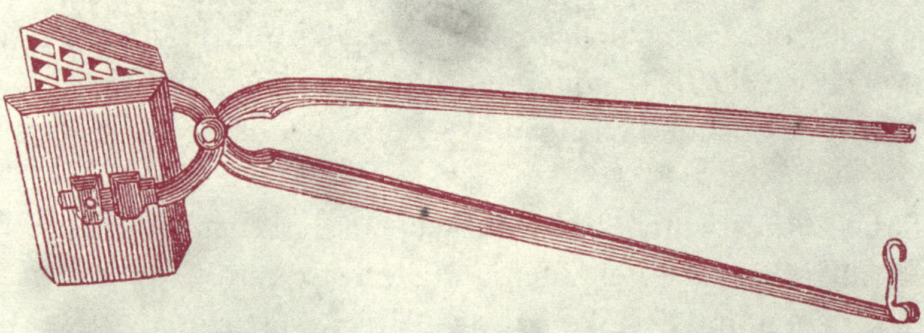

Würziger Käsekuchen

Für 12 Stücke

Für den Teig: *125 g Mehl · 75 g Instant-Haferflocken (z.B. von Kölln) · ½ TL Backpulver · Salz · 120 g weiche Butter · 1 Ei ·*
Für den Belag: *250 g gekochter Schinken · 250 g Gouda · 250 g frische Champignons · 1 Zwiebel · 2 Eier · ⅛ l Milch · 125 g süße Sahne · Salz · weißer Pfeffer aus der Mühle · 4 EL Instant-Haferflocken · 2 EL Butterflöckchen*

Das Mehl, die Haferflocken und das Backpulver in eine Schüssel geben und alles gut mischen. Darauf 1 Msp. Salz, die Butter und das Ei geben und das Ganze zu einem glatten Teig verkneten; 20 Minuten kühl stellen. Den Schinken und den Käse fein würfeln. Die Pilze waschen, trockentupfen, putzen und in Scheiben schneiden; die Zwiebel schälen und fein würfeln. Den Backofen auf 200 °C vorheizen.

Etwa zwei Drittel des Teiges zu einem runden Fladen von 26 cm Ø ausrollen und auf den Boden einer Springform legen; den Springformrand darum legen und schließen. Den restlichen Teig zu einer Rolle formen und an den Springformrand drücken. Den Teigboden mehrmals mit einer Gabel einstechen und im Backofen auf der untersten Einschubleiste etwa 10 Minuten goldgelb vorbacken.

Die Eier zusammen mit der Milch und der Sahne in ein Rührgefäß geben und alles gut verquirlen; mit Salz und Pfeffer würzen und die Haferflocken einrühren. Den vorgebackenen Boden aus dem Ofen nehmen, die Schinken- und Käsewürfel, die Pilzscheiben und die Zwiebelwürfelchen darauf verteilen; die Eiermilch darüber gießen und die Butterflöckchen darüber verteilen. Die Backhitze auf 220 °C erhöhen und den Kuchen auf der mittleren Einschubleiste noch etwa 45 Minuten backen.

Lauchquiche

Für den Teig: *120 g Instant-Haferflocken (z.B. von Kölln) · 100 g Mehl (Type 550) · 100 g Butter · Salz ·* Für den Belag: *200 g mager durchwachsener Räucherspeck oder gekochter Schinken · 1 Stange Lauch · 2 EL Sonnenblumenöl · 5 Eier · 250 g Crème fraîche · weißer Pfeffer aus der Mühle · 1 Msp. Kümmel, grob gemahlen · Salz · 125 g Greyerzer, geraspelt*

Die Haferflocken und 80 g Mehl in einer Schüssel gut vermengen. Die Butter, ½ TL Salz und 5 EL Wasser hinzufügen und das Ganze zu einem glatten Mürbeteig verkneten; in Folie einschlagen und kühl 30 Minuten ruhen lassen. Den Räucherspeck bzw. Schinken in kleine Würfel schneiden. Den Lauch waschen, putzen, in Ringe schneiden, diese nochmals gut abbrausen und abtropfen lassen.

Das Öl in einer beschichteten Pfanne erhitzen, den Speck bzw. Schinken darin anbraten, den Lauch dazugeben und das Ganze unter gelegentlichem Umrühren 5 Minuten bei mäßiger Hitze durchdünsten. Die Eier in einem Rührgefäß verquirlen, die Crème fraîche unterrühren und das Ganze mit Pfeffer, Kümmel und Salz würzen. Den Backofen auf 180 °C vorheizen.

Das restliche Mehl auf eine Arbeitsfläche streuen und den Teig darauf zu einem Fladen von etwa 30 cm Ø ausrollen; diesen in eine Springform (26 cm Ø) legen und den überstehenden Teigrand an den Springformrand drücken. Die Lauchmischung auf dem Teigboden verteilen, den geriebenen Käse unter die Eiermasse rühren und das Ganze auf der Lauchfüllung verteilen.

Die Quiche im Backofen auf der mittleren Einschubleiste etwa 20 Minuten backen; die Oberfläche mit Alufolie abdecken und die Quiche weitere 10 Minuten fertig backen. Warm oder kalt servieren.

Quiche Lorraine

Für den Teig: *400 g Mehl · 3 Eigelb · Salz · 180 g Butterschmalz (z.B. von Butaris) · Mehl für die Arbeitsfläche ·*
Für den Belag: *200 g Schinkenspeck, in Scheiben · 250 g Emmentaler, in Scheiben · 3 Eier · weißer Pfeffer aus der Mühle · Salz*

Das Mehl in eine Schüssel geben, in die Mitte eine Vertiefung drücken und die Eigelbe hineingeben. 3 bis 4 EL eiskaltes Wasser mit ½ TL Salz verrühren und dazugießen. Das Butterschmalz in kleinen Stücken dazuschneiden und das Ganze rasch zu einem glatten Teig verkneten.

Etwas Mehl auf die Arbeitsfläche streuen und zwei Drittel des Teiges zu einem Fladen von 26 cm Ø ausrollen. Ihn auf den Boden einer ebenso großen Springform legen, den Springformrand darumlegen und schließen. Den restlichen Teig zu einer Rolle formen, ihn als Rand auf den Teigboden legen und am Springformrand 3 cm hochdrücken. Den Boden mehrmals mit einer Gabel einstechen und den Backofen auf 200 °C vorheizen.

Den Schinkenspeck in kochendes Wasser geben und 3 Minuten ziehen lassen. Mit einer Schaumkelle herausnehmen und abtropfen lassen. Den Teigboden mit einigen Speckscheiben belegen, dann abwechselnd die Käse- und Speckscheiben darauf verteilen.

Die Eier in ein Rührgefäß schlagen, mit Pfeffer und Salz gut verquirlen und über den Belag gießen. Die Quiche im Backofen auf der mittleren Einschubleiste etwa 25 Minuten backen; herausnehmen und 5 Minuten abkühlen lassen. Den Quicherand mit einem spitzen Messer vorsichtig von der Form lösen, die Quiche in 8 Stücke schneiden und warm servieren.

Krauttorte

Für den Teig: *100 g Speisequark · 1 Ei · 2 EL Sonnenblumen- oder Sojaöl · 150 g Mehl · 1 TL Backpulver · ½ TL Salz* · Für den Belag: *1 kleiner Kopf Weißkraut (ca. 500 g) · 2 Zwiebeln · 2 Knoblauchzehen · 2 säuerliche Äpfel · 1 EL Zucker · 2 EL Butter · 2 EL edelsüßes Paprikapulver · weißer Pfeffer aus der Mühle · Salz · 1 EL Apfelessig · 1 Bund Petersilie · 250 g Emmentaler am Stück · 3 Eier · 200 g saure Sahne*

Den Quark, das Ei und das Öl in einer Schüssel gut miteinander verrühren. Das Mehl mit dem Backpulver und dem Salz vermischen und unter die Quarkmasse kneten. Den Teig zu einer Kugel formen, in Folie einschlagen und 30 Minuten im Kühlschrank ruhen lassen.

Inzwischen den Krautkopf vierteln, die äußersten Blätter entfernen und den Strunk jeweils schräg wegschneiden. Die Krautviertel quer in feine Scheiben hobeln.

Die Zwiebeln und die Knoblauchzehen schälen; die Zwiebeln fein würfeln. Die Äpfel waschen, trockentupfen, schälen und vierteln. Das Kerngehäuse jeweils herausschneiden und die Apfelviertel nochmals halbieren.

Den Zucker in einem Topf leicht erhitzen und zu goldgelbem Karamell schmelzen. Die Butter hinzufügen. Das Kraut und die Zwiebeln dazugeben, unter Rühren andünsten, den Knoblauch durch eine Presse dazudrücken und das Ganze bei mäßiger Hitze und unter öfterem Umrühren etwa 5 Minuten gut durchdünsten.

Die Krautmischung mit Paprika, Pfeffer und Salz würzen, die Apfelspalten darauf legen und das Ganze im geschlossenen Topf 20 Minuten schmoren lassen. Die Petersilie waschen, trockentupfen, die groben Stiele entfernen und die zarten

Zweige fein hacken. Zusammen mit dem Apfelessig unter das Kraut mischen und das Ganze abkühlen lassen.

Zwei Drittel des Teiges zu einem runden Fladen ausrollen und diesen auf den Boden einer Springform (24 cm Ø) legen. Den Springformrand darum legen und schließen. Den restlichen Teig zu einer Rolle formen und an den Springformrand drücken. Den Backofen auf 200 °C vorheizen.

Den Käse 1 cm große Würfel schneiden und zum Kraut geben. Die Eier mit dem Sauerrahm verquirlen, die Masse über das Kraut geben und das Ganze gut vermengen.

Die Masse in die Springform füllen und den Kuchen im Backofen auf der mittleren Einschubleiste 40 bis 45 Minuten backen, bis er eine knusprige, goldgelbe Oberfläche hat. Warm oder kalt servieren.

Gemüsefladen mit Salami

Für den Teig: *60 g frische Hefe · 1 TL Zucker · 250 g Mehl · 125 g Instant-Haferflocken (z.B. von Kölln) · ½ TL Salz · 6 EL Olivenöl ·*
Für den Belag: *1 Dose geschälte Tomaten (425 ml, 240 g Abtropfgewicht) · 1 Dose Artischockenherzen (425 ml, 240 g Abtropfgewicht) · 1 Knoblauchzehe · weißer Pfeffer aus der Mühle · ½ TL Oregano · ½ TL Basilikum · Salz · 150 g frische Champignons · 20 mit Paprikamark gefüllte Oliven · 100 g Salami, in Scheiben · Mehl für die Arbeitsfläche · 175 g Edamer, fein geraspelt · 2 EL Olivenöl*

Die Hefe zerbröckeln und mit Zucker und ⅛ l Wasser verrühren. Das Mehl mit den Haferflocken gut vermengen, in die Mitte eine Vertiefung drücken und das Salz auf den Rand streuen. Die Hefeflüssigkeit in die Vertiefung gießen und 10 Minuten ruhen lassen, bis sich Blasen bilden. Die Mehlmischung unterkneten, den Teig kräftig durchkneten, zu einer Kugel formen und 30 Minuten gehen lassen.

Die Tomaten und die Artischockenherzen abtropfen lassen. Die Knoblauchzehe schälen und klein schneiden. Die Tomaten fein würfeln, den Knoblauch dazugeben und die Masse mit Pfeffer, Oregano, Basilikum und Salz würzen. Die Champignons putzen und halbieren. Die Artischockenherzen halbieren und die Oliven grob hacken; die Salamischeiben vierteln. Den Backofen auf 225 °C vorheizen.

Den Teig nochmals durchkneten. Die Arbeitsfläche mit etwas Mehl bestreuen, den Teig halbieren, jedes Stück zu einem runden Fladen von etwa 23 cm Ø ausrollen und auf ein mit Backpapier ausgelegtes Blech legen. Die Tomatenmischung auf die Fladen streichen, das Gemüse und die Salami darauf verteilen und darüber den Käse streuen. Das Öl darüber träufeln und die Fladen im Backofen auf der zweiten Einschubleiste von unten 20 bis 25 Minuten backen.

Blechkuchen mit Rahmsauerkraut

Für den Teig: *125 g Butter · 1 Ei · 2–3 EL Milch · 300 g Mehl · Salz ·*
Für den Belag: *200 g durchwachsener Speck, in Scheiben · 600 g Sauerkraut (aus der Dose) · 1 EL Öl · 4 EL Apfelsaft · ¼ l Gemüsebrühe (Instant) · 1 EL mittelscharfer Senf · edelsüßes Paprikapulver · 200 g süße Sahne · Salz · Zucker · Cayennepfeffer · 1 Bund Schnittlauch · 2 Eier · Butter für das Blech · 250 g Tilsiter mit Kümmel, in Scheiben*

Aus der weichen Butter, dem Ei, der Milch, dem Mehl und einer Prise Salz einen glatten Mürbeteig kneten und im Kühlschrank eine Stunde durchkühlen lassen.

Den Speck fein würfeln und im heißen Öl knusprig braten. Das Sauerkraut ausdrücken und dazugeben, mit dem Apfelsaft und der Brühe ablöschen und 5 Minuten abgedeckt dünsten. Mit Senf und Paprikapulver würzen, die süße Sahne dazugeben und offen 3 bis 4 Minuten dicklich einkochen lassen. Mit Salz, Zucker und Cayennepfeffer abschmecken und ganz auskühlen lassen.

Den Schnittlauch in Röllchen schneiden und mit den Eiern unter die ausgekühlte Masse mengen. Den Mürbeteig ausrollen und auf ein mit Butter eingefettetes und leicht bemehltes Blech legen. Mit einer Gabel gleichmäßig einstechen und die Sauerkrautmasse darauf verteilen.

Den Tilsiter in Stücke rupfen und auf dem Blechkuchen verteilen. Im vorgeheizten Backofen bei 200 °C auf der untersten Einschubleiste etwa 35 bis 40 Minuten backen. Der Blechkuchen ist fertig, wenn er goldgelb gebacken ist.

Sauerkrautquiche

Für den Teig: *225 g Roggenmehl (Type 997; z.B. von Aurora) · Salz · Pfeffer aus der Mühle · 1 Ei · 125 g Butter · Mehl für die Arbeitsfläche ·* Für den Belag: *150 g Kabanossi (Rohwurst mit Knoblauch), am Stück · 1 rote Paprikaschote · 1 Zwiebel · 1 Dose Sauerkraut (850 ml, 770 g Abtropfgewicht) · 2 Eier · 300 g Crème fraîche · edelsüßes Paprikapulver · Salz · weißer Pfeffer aus der Mühle ·* Außerdem: *Butter für die Form · Mehl für die Arbeitsfläche*

Das Mehl zusammen mit je 1 Msp. Salz und Pfeffer in eine Schüssel geben, in die Mitte das Ei und 1 EL kaltes Wasser geben, mit einer Gabel leicht verrühren und an den Rand die Butter in Stückchen setzen; alles zu einem glatten Teig verkneten. Den Teig zu einer Kugel formen und kalt stellen.

Die Kabanossi in kleine Würfelchen schneiden. Die Paprikaschote waschen, trockentupfen, halbieren, die Stielansätze herausschneiden und die Kerne sowie die weißen Innenteile entfernen; das Fruchtfleisch in Würfel schneiden. Die Zwiebel schälen und ebenfalls fein würfeln, das Sauerkraut abtropfen lassen oder gut ausdrücken.

Die Wurstwürfelchen in einen Topf geben und kurz ausbraten. Die Zwiebelwürfel ins ausgebratene Fett geben und glasig werden lassen; die Paprikawürfel dazugeben und andünsten. Das Sauerkraut mit einer Gabel auflockern und 5 Minuten mitdünsten, dabei mehrmals wenden. Das Ganze vom Herd nehmen und etwas abkühlen lassen.

Die Eier in ein Rührgefäß schlagen und verquirlen; die Crème fraîche unterrühren und ½ TL Paprikapulver, etwas Pfeffer und Salz untermischen.

Den Backofen auf 200 °C vorheizen und eine Tarte-, Quiche- oder Obstbodenform (24 cm Ø; möglichst aus Keramik) mit Butter einstreichen. Etwas Mehl auf eine Arbeitsfläche streuen und den Teig zu einem runden Fladen von 28 cm Ø ausrollen. Den Teig in die Form legen und den Rand fest andrücken.

Die Sauerkrautmischung auf dem Teigboden und die Eiermasse darauf verteilen. Die Quiche im Backofen auf der zweiten Einschubleiste von unten etwa 45 Minuten backen. In der Form etwas abkühlen lassen; in Stücke schneiden und warm servieren.

Käse-Schinken-Tasche

Für den Teig: *Mehl für die Arbeitsfläche · 1 Pck. TK-Blätterteig (300 g; 6 Scheiben)* · Für die Füllung: *1 Ei · 200 g Crème fraîche · 3 EL süße Sahne · ½ TL Kräuter der Provençe · weißer Pfeffer aus der Mühle · 200 g gekochter Schinken, in dünnen Scheiben · 200 g Comté (französischer Hartkäse), in dünnen Scheiben* · Außerdem: *1 Eigelb*

Eine Arbeitsfläche dünn mit Mehl bestäuben, die Blätterteigscheiben in zwei Reihen zu je drei Stück darauf legen, sodass sie ein großes Rechteck ergeben; auftauen lassen. Dünn zu einem etwas größerem Rechteck von etwa 40 x 30 cm ausrollen. Die Nahtstellen zwischen den Blätterteigscheiben müssen geschlossen sein und der Teig muss eine glatte Fläche bilden. Das Ei gut verquirlen und die Ränder des Blätterteigrechtecks etwa 1 cm breit damit bestreichen. Den Backofen auf 225 °C vorheizen und ein Backblech mit Backpapier auslegen.

Die Crème fraîche mit der süßen Sahne und den Kräutern verrühren und mit Pfeffer würzen. Etwa ein Drittel der Menge dünn auf eine Hälfte des Teigrechtecks streichen: dabei die eingestrichenen Ränder freilassen. Die Hälfte der Schinkenscheiben darauf legen, möglichst dicht an dicht. Darauf wieder eine dünne Schicht der Crème-fraîche-Mischung streichen. Als vierte Schicht die Käsescheiben wiederum dicht an dicht darauf legen. Darüber den restlichen Schinken legen, ihn mit der übrigen Crème-fraîche-Masse bestreichen und den restlichen Käse darauf verteilen.

Die unbelegte Teighälfte über die Füllung schlagen, den Teigschluss auf allen Seiten unter die gefüllte Teighälfte schieben und festdrücken; die Teigtaschen vorsichtig auf das Blech heben. Die Oberseite mit einem scharfen Messer in gleichmäßigen Abständen mehrmals quer einritzen; das Eigelb verquirlen und die Oberseite damit bestreichen. Die Teigtasche im Backofen auf der mittlereren Einschubleiste etwa 25 Minuten backen. Warm oder kalt servieren.

Tipp: Diese französische Spezialität findet man überall in den französischen Delikatessentheken der großen Einkaufstraßen. Sie wird dort „Feuillantine Comtoise" genannt und wird im Ganzen oder als Portionsschnitte verkauft. Man kann sie daheim im Backofen nochmals aufbacken oder eben nach obigem Rezept selber machen. Zusammen mit einem kleinen Salat haben Sie ein perfektes französisches Abendessen.

Zwiebelkuchen

Für den Teig: *200 g Mehl · 15 g Hefe · ½ TL Zucker · ⅛ l lauwarme Milch · 75 g Haferflocken (z.B. von Kölln) · 80 g Butter · 1 Ei · ½ TL Salz · Butter für die Form* · Für den Belag: *500 g Zwiebeln · 150 g Schinkenspeck · 3 EL Butter · 2 Eier · 125 g saure Sahne · 2 EL Haferflocken · edelsüßes Paprikapulver · schwarzer Pfeffer aus der Mühle*

Das Mehl eine Schüssel sieben und in die Mitte eine Mulde drücken. Die Hefe in die Mulde bröckeln, den Zucker sowie die lauwarme Milch hinzufügen und die Hefe zu einem Vorteig rühren. Den Vorteig mit Mehl bestäuben und zugedeckt an einem warmen Ort 30 Minuten ruhen lassen.

Die restlichen Teigzutaten zum Vorteig geben und das Ganze zu einem glatten Teig verkneten. Zugedeckt an einem warmen Ort nochmals 30 Minuten gehen lassen.

Für den Belag die Zwiebeln schälen und in dicke Ringe schneiden. Den Speck würfeln. Die Butter in einer Pfanne erhitzen und die Zwiebeln darin glasig dünsten. Den Speck dazugeben, kurz anbraten und das Ganze abkühlen lassen. Die Eier in einer Schüssel mit saurer Sahne, Haferflocken und Gewürzen verquirlen; die Zwiebel-Speck-Masse darunter mischen.

Den Backofen auf 220 °C vorheizen. Den Teig nochmals durchkneten und auf einer bemehlten Arbeitsfläche etwa ½ cm dick ausrollen. In eine mit Butter eingefettete Springform (26 cm Ø) geben. Den Belag darauf verteilen, den Kuchen in den Ofen geben und etwa 20 Minuten backen. Die Temperatur auf 240 °C erhöhen und den Kuchen in 5 bis 10 Minuten fertigbacken. Warm servieren.

Brötchen mit Käse

Für 12 Brötchen

½ Pck. Backmischung „Schwarzwald-Laib" (von Aurora) · 20 g frische Hefe · 7 EL sehr kalte Butter · Mehl zum Bearbeiten und Ausrollen · 75 g Emmentaler, geraspelt

Die Backmischung in eine Schüssel geben, in die Mitte eine Vertiefung drücken, die Hefe hineinbröckeln und zusammen mit etwa 160 ml Wasser zu einem Vorteig verrühren.

Den Teig etwa 10 Minuten gehen lassen, nochmals die gleiche Menge Wasser dazugießen und das Ganze mit den Knethaken eines elektrischen Handrührgeräts 3 bis 5 Minuten durchkneten. Den Teig mit den Händen zu einer Kugel formen und an einem warmen Ort 30 Minuten gehen lassen.

Den Teig mit bemehlten Händen nochmals durchkneten, eine Arbeitsfläche mit etwas Mehl bestreuen und den Teig darauf zu einem Rechteck von 65 x 50 cm ausrollen.

Die Butter in sehr dünne Scheiben schneiden, auf dem Teig verteilen und den Teig einmal längs und einmal quer zusammenklappen. Das Ganze zu einem Rechteck (24 x 32 cm) ausrollen.

Ein Backblech mit Backpapier auslegen. Den Teig in zwölf Quadrate schneiden, sie auf das Blech setzen und nochmals 15 Minuten gehen lassen. Den Backofen auf 200 °C vorheizen und eine hitzefeste Schale mit Wasser hineinstellen. Die Teigstücke mit dem Käse bestreuen und im Backofen auf der zweiten Einschubleiste von unten etwa 30 Minuten backen.

Käsegebäck

Für 80 Stück

Für den Teig: *120 g Butter · 200 g streichfähiger Sahne-Schmelzkäse (z.B. von Hochland) · 1 Eigelb · ½ TL Salz · 1 TL edelsüßes Paprikapulver · 250 g Mehl · Mehl für die Arbeitsfläche* · Zum Bestreichen: *1 Eigelb* · Zum Bestreuen: *Mohn · Sesam · Kümmel*

Die Butter in eine Rührschüssel geben und mit dem Quirlhaken eines elektrischen Handrührgeräts schaumig schlagen. Den Schmelzkäse und ein Eigelb unterrühren, dann das Salz, das Paprikapulver und 100 Gramm Mehl unterrühren; 150 Gramm Mehl mit den Händen unterkneten. Den Teig zu drei Kugeln formen und 2 Stunden im Kühlschrank ruhen lassen.

Die Arbeitsfläche dünn mit Mehl bestreuen, den Teig portionsweise dünn ausrollen und mit einem Förmchen Plätzchen ausstechen. Den Backofen auf 200 °C vorheizen. Zwei Backbleche jeweils mit Backpapier auslegen und die Plätzchen darauf legen.

Das Eigelb verrühren, 1 EL Wasser untermischen und die Mischung auf die Plätzchen streichen. Darauf Mohn, Sesam und Kümmel streuen. Die Plätzchen im Backofen auf der mittleren Einschubleiste etwa 18 bis 20 Minuten backen. Noch warm vom Blech nehmen und auf einem Kuchengitter abkühlen lassen.

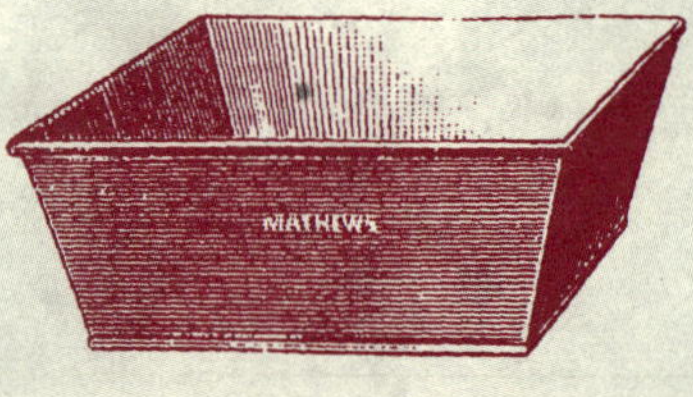

Mürbegebäck mit Käse

Für 30 Stück

Für den Teig: *100 g zarte Haferflocken (z.B. von Kölln) · 50 g Mehl · Mehl für die Arbeitsfläche · 100 g Parmesan, gerieben · 1 Eigelb · 125 g kalte Butter · ½ TL edelsüßes Paprikapulver* · Zum Bestreichen: *1 Eigelb* · Zum Bestreuen: *Mandeln, fein gehackt · Mohn · Kümmel*

Die Haferflocken zusammen mit dem Mehl und dem Käse in einer Schüssel mischen, in die Mitte das Eigelb geben und leicht mit der Mischung verrühren; darauf die Butter in Stückchen geben und alles rasch zu einem glatten Teig verkneten. Den Teig zu einer Kugel formen und 20 Minuten in den Kühlschrank stellen.

Das restliche Mehl auf eine Arbeitsfläche streuen. Den Teig auf der Arbeitsfläche ½ cm dick ausrollen und mit einem runden Förmchen Plätzchen ausstechen. Den Backofen auf 200 °C vorheizen und ein Backblech mit Backpapier auslegen.

Die Plätzchen auf das Blech legen. Das Eigelb verquirlen, 1 EL Wasser unterrühren und die Masse auf die Plätzchen streichen; nach Belieben Mandeln, Mohn und Kümmel darauf streuen. Die Plätzchen im Backofen auf der mittleren Einschubleiste 10 bis 12 Minuten goldgelb backen.

Rezeptverzeichnis

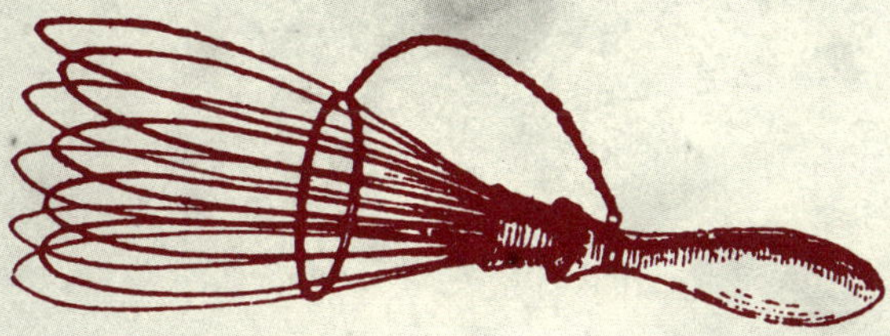